AUX FEMMES

PAR

Eugène de MIRECOURT fils

« Il n'est pas bon que l'homme soit seul. »
Parole de l'Écriture.

PARIS

L. SAUVAITRE, ÉDITEUR

Librairie Générale

72, BOULEVARD HAUSSMANN, 72

AUX FEMMES

AUX FEMMES

PAR

Eugène de MIRECOURT fils

« Il n'est pas bon que l'homme soit seul. »

PAROLE DE L'ÉCRITURE.

PARIS

L. SAUVAITRE, ÉDITEUR

Librairie Générale

72, BOULEVARD HAUSSMANN, 72

A Madame la Comtesse Ad. TURPIN de SANSAY.

Chère Madame,

A vous je dédie ce livre, vous qui m'avez encouragé.

Si j'ai osé l'écrire, quoique cependant il ne soit pas immoral — loin de là — (audaces fortuna juvat!), c'est à vous et à vous seule que je le dois, c'est à l'enthousiasme que vous avez montré pour mon article du Sauveteur d'octobre 1890.

Soyez en bénie.

Je n'aurais jamais espéré un pareil succès en le faisant paraître, cet heureux article.

Vous aimez le sentiment, je l'ai prodigué dans mon livre.

Soyez fière de votre œuvre.

Ainsi que vous le verrez plus loin, je rends un hommage public à defunt Monsieur votre mari, qui a été si bon pour moi.

Votre reconnaissant,

Eugène de Mirecourt Fils.

Paris, le 24 Juin 1891.

A MES LECTRICES.

« Penser c'est vivre. »

LAMARTINE.

Ce petit livre est l'œuvre d'un jeune qui estime — en dépit de tout — que la langue de Lamartine, de Michelet, a été, est et sera toujours la plus pure et la plus belle de notre chère France.

Or donc, ce n'est ni un décadent, ni un déliquescent, ni enfin et surtout un naturaliste.

Un début en littérature par le temps qui court n'est certes pas chose aisée.

Nous avons, en effet, de terribles devanciers.

Que faire aujourd'hui en art? de la poésie après Hugo, le maître des maîtres! tentative insensée!!! du roman après Zola, erreur! et puis, d'ailleurs, on a tant fait dans le roman qu'il n'y a plus rien à glaner.

Resterait l'histoire? Notre belle patrie a besoin d'historiens; ils lui sont, somme toute, aussi indispensables que les guerriers : ce serait un beau rêve d'apporter soi aussi sa pierre à l'édifice, mais pour faire de l'histoire, il faudrait avoir de quoi vivre, pouvoir consacrer tout son temps à ce travail de Titans.

Alors, quoi faire???

Je crois qu'il est une branche de la
littérature où il reste peut-être encore
quelque chose à faire, j'ai nommé l'éducation : l'éducation des filles.

Voilà pourquoi j'ai fait: « AUX FEMMES!!! »
(*Labor improbus omnia vincit*).

Voilà pourquoi je me suis lancé à mon
tour dans la grande bataille littéraire,
voulant essayer de relever la femme aux
yeux de l'humanité qui chercherait bien
plutôt à la faire tomber; c'est là, certes,
une tentative singulièrement hardie en ce
temps de scepticisme à outrance, et dans
laquelle je risque fort de succomber.
Pourtant, ne mériterait-elle pas de
réussir ?

Qu'importe, après tout, si j'échoue!

Si je puis avec cet ouvrage sécher pour une heure les larmes d'une pauvre désolée, lui mettre un peu de baume dans le cœur, lui remonter le moral, lui donner du courage, oh! alors je serai payé de mes peines!

Qu'importe! si j'ai fait œuvre utile! Ma conscience n'aura — du moins — rien à me reprocher.

En écrivant ce livre pour vous, pauvres opprimées par la Nature, j'ai voulu faire un ouvrage que la mère de famille pourrait mettre (sans danger) entre les mains de sa fille — vers l'âge de quatorze ou quinze ans — pour lui bien faire comprendre le rôle qu'elle aura à remplir lorsqu'elle sera femme; c'est une belle et délicate mission que celle-là.

Je ne me suis occupé exclusivement que de la femme au point de vue moral; je me suis surtout attaché à exalter la mère. Voilà quel a été mon but.

Je dois les pages émues de ce livre à la perte de ma pauvre mère, perte qui m'a fait à l'âme une blessure qui après trente ans est encore saignante.

Des ouvrages comme ceux-là, j'ai la conviction profonde que l'on ne saurait trop en faire pour tâcher de lutter contre la désastreuse influence de la détestable école naturaliste à laquelle nous devons indubitablement l'effrayant abaissement du niveau moral qui s'est manifesté dans notre malheureux pays depuis vingt ans!!!

« Le style est l'homme même », a dit Buffon !

Je me présente à vous, lectrices, avec cet ouvrage en me soumettant d'avance à votre verdict.

On m'avait conseillé de faire écrire la préface par quelqu'un en vue. J'ai tenu essentiellement à ne laisser ce soin à nul autre qu'à moi, car j'estime qu'il n'y a que l'auteur lui-même, possédant seul son sujet à fond, qui puisse réellement la bien faire, et qu'elle est en quelque sorte pour lui une tribune où il peut exposer ses théories, défendre ses idées et prévenir les objections. — La préface doit compléter le livre.

Je dois à la mémoire de M. Adolphe Turpin de Sansay, membre de la Société des Gens de Lettres, de dire que si je puis aujourd'hui faire paraître mon ouvrage, c'est à lui que j'en suis redevable, c'est à ses encouragements, à l'hospitalité qu'il a bien voulu m'accorder dans les colonnes du Journal « LE SAUVETEUR », hospitalité qui m'a enhardi à tenter l'expérience : *(Qui ne risque rien n'a rien,* comme dit le proverbe).

Celui-là au moins aidait les jeunes, chose très rare maintenant :

Grâces lui en soient renduès!

Je remercie particulièrement l'éditeur de ce livre de son généreux appui.

Merci à ceux qui m'ont encouragé, m'ont aidé!

Merci à la bien-aimée qui m'a consolé aux mauvais jours!

Mais, à côté de cela, que de déceptions, que de déboires, d'amertumes, de rancœurs, de sarcasmes, de dédains de toute espèce n'ai-je pas eu à subir jusque dans ma propre famille!

— IX —

Comme le poëte, je dirai :

. . . .

Certes, plus d'un vieillard sans flamme et sans cheveux,

Tombé de lassitude au bout de tous ses vœux.

Pâlirait, s'il voyait, comme un gouffre dans l'onde,

Mon âme où ma pensée habite comme un monde,

Tout ce que j'ai souffert, tout ce que j'ai tenté,

Tout ce qui m'a menti comme un fruit avorté,

Mon plus beau temps passé sans espoir qu'il renaisse,

Les amours, les travaux, les deuils de ma jeunesse,

Et, quoique encore à l'âge où l'avenir sourit,

Le livre de mon cœur à toute page écrit !

. . . .

Si, en effet, vous voulez écrire, les éditeurs commencent d'abord par vous dire
généralement : « Faites vous connaître »,

2

si vous voulez paraitre sur les planches, on
vous fait la même réponse; mais il faut
pourtant bien débuter quelque part! Quant
à vous tendre la perche, jamais !!!

Comment ont donc fait Victor Hugo,
Lamartine, Musset, etc.?

C'est ce que j'ai dit à l'éditeur qui a
lancé Lamartine (mon poète préféré dont
je me suis inspiré) et qui — chose absolument renversante ! — a refusé mon
ouvrage, je vous donne en mille à deviner
pourquoi?? — parce que: « ce genre de
littérature sort de son cadre » *(sic)!* — Où
allons-nous, mon Dieu! où allons-nous?

Je fais le public juge en cette affaire.

Ah! j'en ai vu de drôles, j'en ai vu de
grises pour la publication de ce livre!

Cela m'a fait faire une jolie étude et cela m'a donné une crâne idée de l'homme!

Au surplus, je n'en suis pas fâché !

Je conserve la volumineuse correspondance que j'ai échangée avec des éditeurs. Il ferait bon voir leur revirement si mon livre réussissait !

Il y en a qui m'ont écrit des choses allant même jusqu'à friser l'injure. — Est-il permis d'être insolent avec qui travaille pour le bien, pour le beau, pour le vrai??? J'ai encore la mansuétude de ne pas livrer leurs noms à la publicité!

Il y en a qui ont eu l'aplomb de me dire qu'ils trouvaient très bien cet ouvrage, mais qu'ils n'en voulaient à aucune condition, ô logique!! — J'aurais compris

qu'ils m'aient dit: « Vous n'êtes bon qu'à
mettre à Charenton », en me répondant
cela, très bien, c'était logique; mais con-
venir que le livre était bon et ne pas en
vouloir! j'avoue que je ne saisis pas!

D'autres ont trouvé qu'il était trop court
en principe. — Tel qu'il est, il peut paraître
court, je n'en disconviens pas; mais je
tiens à déclarer que pour arriver à faire
ces deux cents pages, pour les rendre le
plus attrayantes possible, j'ai dû amonceler
des documents en quantité considérable.
On ne peut certainement se rendre compte
de l'effort déployé, car ce qu'on va lire ne
représente que la quintessence de ces
documents. — Néanmoins, comme on dit,
— et je suis absolument de cet avis — « les

choses les plus courtes sont les meilleures ».
Telle chose qui convient en cinquante
pages, si on la délaye en cinq cents, ne
convient plus autant, contient forcément
des longueurs. J'aime certainement mieux
cinquante pages intéressantes que quinze
cents qui ne signifient rien. J'espère que
sur ce point, du moins, on ne me contre-
dira pas! Ainsi que l'a dit Boileau : « Souvent trop d'abondance appauvrit la ma-
tière ! »

J'ai tâché de mettre en pratique cette
maxime de Madame de La Fayette, qui
estimait la brièveté et la concision dans le
style, maxime qui est: qu'une page qu'on
parvient à retrancher dans un livre vaut

au moins un louis, et un mot dans une phrase, un franc.

D'autres m'avaient donné leur parole et me l'ont retirée au dernier moment.

D'autres enfin ne m'ont même pas répondu.

Je raconte tout cela afin que les jeunes qui voudraient écrire se pénètrent bien de ce que, pour arriver aujourd'hui à faire publier des ouvrages qui, certes, sont loin d'être attentatoires à la morale publique, on éprouve des difficultés insurmontables dont on ne peut se faire une idée que lorsqu'on a passé par là.

Franchement ! je me demande, moi, Parisien et qui ai des relations, ce que pourrait faire en ce moment un bon jeune homme n'ayant que son talent d'écrivain pour vivre, arrivant du fin fond de sa province à Paris sans connaître personne : mais il n'aurait qu'à se jeter dans la Seine, le malheureux, car toutes les portes se fermeraient devant lui avec un ensemble parfait !!!

Je dirai à ce sujet aux jeunes gens de la campagne : « Restez dans vos villages, labourez la terre, vous ne mourrez pas de faim au moins, quand vous n'auriez que des pommes de terre à manger ! et ne vous laissez pas attirer par le mirage trompeur du mot « *Paris* ». Vous vous figurez qu'à Paris tout le monde y fait fortune, que les alouettes vous tomberont toutes rôties

dans la bouche. Erreur !! Qu'y viendrez-
vous faire, en somme, dans la Ville cor-
rompue ?? des bohèmes ! des avocats sans
causes ! des médecins sans malades ! des
professeurs sans élèves ! des peintres sans
clientèle ! des acteurs sans engagements !
ou bien vous y aliénerez *chez les autres*
votre liberté, le plus doux des biens ! bien-
heureux encore si vous n'êtes pas en ser-
vage ! A Paris, à la fin du xixe siècle, on y
crève de faim, on y est exploité d'une manière infâme !!! Croyez-en l'expérience d'un
homme qui y lutte inutilement depuis
quatorze ans ; vous ne me croyez pas ;
consultez plutôt les statistiques des mai-
sons de refuge de l'Hospitalité de nuit !!!
Qu'y trouverez-vous, en effet, dans ces

statistiques? Vous y trouverez : des licen-
ciés en droit, des professeurs, des phar-
maciens, des architectes, des hommes de
lettres, des peintres, des sculpteurs, des
journalistes, des chanteurs, des acteurs,
des actrices, des musiciens, et même
jusqu'à un ex-juge de paix !!! Je vous en
adjure ! Restez dans vos campagnes, restez
dans vos campagne !!!!!! »

Et quand on pense à tout ce qui s'im-
prime ! à toutes les insanités, à toutes les
vilenies, toutes les ignominies, toutes les
turpitudes (qu'on me passe l'expression),
toutes les saletés que l'on publie !

Il aurait semblé qu'après la néfaste

guerre qui nous a coûté deux provinces on eût dû prendre à cœur de faire une race forte; au lieu de cela, on s'est relâché! au lieu de cela, de coupables auteurs se sont, pour ainsi dire, efforcés d'avilir notre jeunesse en mettant entre ses mains des livres malsains qui la corrompent!!!

On n'a plus de respect pour rien !

On vilipende l'armée, cette chose respectable entre toutes, puisqu'il s'agit de la défense de la patrie!!!!!! Sans elle, où en serions-nous, messieurs les sceptiques???

Qu'est devenu le bon goût français d'autrefois?

— Vieux jeu ! démodé, fini! le sentiment, dira-t-on? Fini? allons donc!

Mais ne remplit-il pas chaque minute, chaque instant de notre vie? Vous, fils, qui venez de pleurer à l'enterrement de votre mère, si je vous en parle de cette mère, si je vous rappelle tous les soins qu'elle a eus pour vous, n'aurez-vous pas une larme qui perlera au coin de l'œil; toi, père, que la naissance d'une fille adorée a ému jusqu'au plus profond de ton être, si j'évoque l'affection qu'elle te témoigne, ne pleureras-tu pas??? Allons donc! vous voyez bien, vous qui vous dites sceptiques par bravade! que le sentiment sommeille dans le cœur et qu'il suffit d'un événement qui vous touche dans ce que vous avez de plus cher pour le réveiller!

Ce serait bien à regretter pour la France

si le sentiment s'en allait du cœur de ses enfants. Quand il y a une infortune quelque part, ne sont-ils pas les premiers à la soulager.

Allons! Français, vous êtes meilleurs encore que vous ne voulez le paraître, non! le sentiment n'est pas si démodé que cela!!! —

Nous sommes envahis par le cabotinage! *Comediante !!*

Notre race s'abâtardit!

Grands Dieux! nos ancêtres, vous devez bien rire de vos petits-fils!!!

Aujourd'hui, le talent, en art lyrique, réside dans la coupe des cheveux et du pantalon et dans la couleur des habits!

Allez au théâtre voir une revue, vous y
entendrez des rengaines de Paulus, datant
de dix ans, et on vous donne cela pour de
la musique nouvelle! Allez au Nouveau
Cirque, vous y verrez des écuyers en cos-
tume « bleu Paulus »; vous connaissez la
coupe de cheveux « Paulus », n'est-ce pas?
Paulus partout, Paulus *for ever!!!*

On s'extasie devant un individu en
habit plus ou moins rouge qui chante:

. . . .

Sur le bi, sur le banc,

Sur le bi du bout du banc

. . . .

cela ne signifie absolument rien, mais
néanmoins on applaudit.

Quand on songe à tout ce que l'on voit d'écœurant aujourd'hui, quelque hésitation que l'on éprouve à l'avouer, on se prend positivement à regretter la pureté de mœurs des premiers âges! Ah! que Jean-Jacques avait raison de dire que la civilisation abêtit l'homme!!!

Allons, France! réveille-toi, secoue ta torpeur, ton engourdissement et ta condamnable apathie! il en est temps! Mais fais vite, car demain il sera trop tard! Demain serons-nous peut-être forcés de pousser le cri de « *Finis Galliæ !* »

Lamartine se meurt, Hugo est oublié pendant que l'école réaliste nous traîne dans l'ordure et dans la fange!!!!!! Nous sommes tombés dans l'ornière! J'en appelle aux quelques rares personnes qui ont encore un peu de poésie au fond du cœur, n'est-il vraiment pas temps d'en sortir??? n'est-il vraiment pas temps de dire à tous les écrivains immondes: « Assez d'ordures comme cela, assez de turpitudes, assez d'ignominies, assez de hontes?????? »

Je demande aux quelques privilégiés qui ont pu rester purs au milieu de ce cloaque infect dans lequel nous vivons, dans notre monde pourri, vermoulu et gangrené jusqu'à la moëlle : « Ne vaut-il pas mieux écrire de saines, de consolantes choses qui élèvent l'âme au lieu de l'avilir et de la corrompre?????? »

Travaillons à relever le goût français, travaillons-y sans relâche. Notre tâche est ardue; c'est remonter le courant, qu'importe! précisément à cause de cela, redoublons nos efforts!!!

Allons, Theuriet, allons, Halévy! debout, sur la brèche! n'avez-vous pas encore quelque idylle, quelque *Abbé Constantin* à donner à notre jeunesse??????

On trouvera peut-être que certains noms de femmes célébres étrangères ne figurent pas dans mon ouvrage; c'est parce que, par patriotisme, je n'ai pas voulu que ces noms, appartenant à des pays qui nous sont hostiles, se trouvassent à côté de ceux

de Jeanne d'Arc, de Madame de Sévigné,
de Madame de Staël, etc.

— J'avoue en passant que j'ai lu la vie de
toutes les femmes dont je parle pour voir
s'il n'y avait pas dans l'histoire de chacune
d'elles des faits saillants dignes d'être
signalés. —

De même, me trouvera-t-on sévère pour
les marâtres qui tuent leurs enfants.

Pourtant, n'est-ce pas vrai ce que je dis:
« La lionne se fait tuer pour défendre ses
petits, et ces horribles mégères, qui ne
sont même pas dignes du nom de femme,
qui n'ont plus rien d'humain, égorgent
les leurs!!! » ?

3

On me reprochera peut-être enfin d'être dur pour les vieilles filles.

— C'est que j'en connais des jeunes qui font les difficiles depuis longtemps ; il y a déjà longtemps qu'elles ont coiffé Sainte-Catherine ; la trentaine approche à grands pas ; celles-là risquent fort de rester vieilles filles.

Je conviens que, dans le nombre de ces dernières, il y en a évidemment qui n'ont pas trouvé à se marier parce que la nature ne les avait pas favorisées. Mais combien n'y en a-t-il pas — par contre — qui n'ont pas été courageuses, c'est-à-dire qui n'ont pas voulu se mettre en ménage avec des gens n'étant pas à même de leur assurer une existence de luxe ?

J'en connais même — cela est vraiment par trop incroyable! — qui prétendent avoir le dégoût de l'homme. Dégoût de l'homme? allons donc! c'est une idée contre nature! Lisez les livres de médecine, lisez-les, et vous y verrez que le mari dont vous vous dégoûtez soi-disant, contribue physiquement à la santé de la femme! Voyez nos fraîches, nos accortes villageoises, elles sont florissantes, elles respirent la santé. — Voyez la novice au cloître, elle a la pâleur des murs entre lesquels sa vie se consume, elle a la figure d'une morte!

Enfin, il y en a d'autres qui ne veulent pas se marier parce que les souffrances de

la mère pour mettre son enfant au monde
leur font peur! les courageuses!!! Comment ont donc fait leurs mères? Que
deviendraient les enfants avec de tels principes? Pourtant ne sont-ils pas la joie de
la vie? N'est-il pas réellement consolant
de savoir que le jour fatal où il faudra
quitter tout ce qui nous est cher, on laissera
au foyer un autre soi-même ; qu'une fois
parti on pensera à nous, on parlera encore
de nous, on sera indulgent pour les mo-
ments de faiblesse si nous en avons eu et
compatissant pour les souffrances que nous
aurons endurées! — Si on ne les avait pas,
ces chers enfants, qui daignerait se souvenir de nous, seulement quinze jours

après la mort? On est véritablement par trop
égoïste en le siècle où nous sommes!!!

Elles sont bien avancées maintenant, les
vieilles filles qui ont quatre-vingts ans,
après toute une vie de solitude, d'amer-
tume et d'ennui, sans soutien, sans appui,
sans personne auprès d'elles pour leur fer-
mer les yeux le jour prochain où la mort
viendra les trouver! Les mansardes sans
feu l'hiver en abritent plus d'une!!!!!!

Pour atténuer la tristesse que pourront
faire naître mes réflexions sur les vieilles
filles je citerai ici le passage où Balzac,
après avoir blâmé vertement ces dernières,
rend justice à celles qui ne se sont pas
mariées par dévouement:

. . . .

« Il y a des filles qui se font mères en restant vierges. Celles-là atteignent au plus haut héroïsme de leur sexe en consacrant tous les sentiments féminins au culte du malheur. Elles vivent alors entourées de la splendeur de leur dévouement, et les hommes inclinent respectueusement la tête devant leurs traits flétris. » . . . . .

. . . .

. . . .

Me trouvant un soir dans une famille, quelque temps avant l'impression de cet ouvrage, j'eus occasion de le lire.

La lecture achevée, une jeune fille de seize ans, qui se trouvait là, à laquelle on demandait quand elle se marierait, répondit : « Moi ? je ne me marierai pas, ou j'épouserai un vieux qui me donnera beaucoup d'argent. »

A seize ans sceptique ! quoi déjà ! déjà blasée ! à seize ans parler comme cela, à l'âge des illusions ! Si la jeunesse, si les jeunes filles d'aujourd'hui ont déjà dans la cervelle de pareilles idées, cela nous promet une jolie génération future !

Je déclare qu'en entendant ces paroles je n'ai pu en croire mes oreilles, les bras m'en sont tombés.

Ainsi donc, voilà à quoi ça m'avait servi de travailler pendant des années, pour tâcher de faire vibrer d'une douce émotion des âmes de jeunes filles. Il s'en trouvait une qui, par hasard, avait eu connaissance de ces pages où j'ai pourtant semé le sentiment à profusion, et voilà la réflexion que tant de poésie, tant d'âme et tant de cœur avaient fait naître !!!!!! C'était peine perdue !! Quelle désillusion ! J'avais parlé en vain à cet auditoire-là !

Le coup fut rude ! En sortant, sans un ami qui s'y opposa, j'aurais jeté au vent mon manuscrit !

Ne voilà-t-il pas une désolante caractéristique de notre époque?

Donnez-vous donc du mal ! Passez donc de longues soirées de veilles et des nuits d'insomnie pour arriver à un aussi piètre résultat !

Je me rappellerai longtemps cette malheureuse soirée.

Non, jeune fille ! non, heureusement pour vous, un jour viendra où votre cœur parlera. Vous aurez, comme tout être humain ici-bas, vos heures d'illusion, vous aussi, et alors vous reconnaîtrez que le jour où vous avez dit cela, vous vous étiez trompée !!!

J'espère que cet ouvrage ne tombera pas toujours entre les mains de jeunes filles ayant aussi peu de lyrisme dans l'âme !!!!

J'ai suivi pour le faire le précepte de
Boileau :

. . . .

. . . . Sans perdre courage,

Vingt fois sur le métier remettez votre ouvrage,

Polissez-le sans cesse et le repolissez ;

. . . .

J'avoue, en effet, que je l'ai bien refait
vingt fois, ce qui — sans en avoir l'air —
représente un travail de cinq années,
étant donné que je me le suis imposé en
dehors du gagne-pain quotidien, car enfin
il fallait manger en attendant que ce livre
vit le jour, et si je n'avais compté que là-

dessus pour vivre, j'aurais eu le temps de mourir de faim !!!

J'espère que l'on me tiendra compte des remaniements que ces modifications et améliorations successives ont entrainés, et que l'on me pardonnera les omissions que j'ai pu faire. La perfection n'est pas de ce monde ; comme l'a écrit Lafontaine :

. . . . est bien fou du cerveau

Qui prétend contenter tout le monde et son père.

. . . .

Lectrices ! vengez-moi de tous les affronts que j'ai eu à supporter, en faisant un succès à mon petit ouvrage ! Puisse-t-il, grâce à vous, aller loin! Puisse-t-il être le livre du cœur par excellence!

Lorsque vous serez peinées, courez à lui! un livre, c'est un confident, et le mien ne vous trompera pas, je vous le promets!

Je viens vous apporter la parole de paix, la consolation à vos souffrances et m'efforcer de faire que l'on ait pour vous plus de respect!!!!!!

Femmes! c'est à vos cœurs, c'est à vos âmes que je m'adresse!!!

Il y a un proverbe qui dit: « *Nul n'est prophète en son pays* », et il est bien vrai.

En faisant ce petit ouvrage peut-être aurai-je prêché dans le désert.

Peut-être quelque jour, dans une

cinquantaine d'années d'ici, quelqu'un le
retrouvera-t-il au fond d'un tiroir et dira:
« Celui qui l'a écrit avait du sentiment. »
C'est tout ce que je demande!!!

Et toi! pauvre cher petit livre si méprisé
par tous! fidèle compagnon durant de
longues années de mes souffrances, de
mes rêveries et de mes illusions — en qui
j'ai mis ce que le cœur humain a de meilleur,
adieu! je te quitte! Puisses-tu porter des
consolations aux déshéritées de ce monde,
par delà les plaines, par delà les montagnes,
sous l'humble toit de chaume, pendant que
moi je reste ici sur la brèche, dans cet
enfer que l'on appelle Paris, dans ce

« *repaire immonde où les amis se déchirent
et où les ennemis s'embrassent* », pour te
défendre jusqu'à mon dernier souffle de
vie si l'on menace ton existence!!!!!!

Paris, le 10 Mai 1891.

EUGÈNE DE MIRECOURT FILS.

AUX FEMMES

« Il faut n'avoir pas souffert pour
se jouer du sentiment. »

Mme DE STAEL.

O saint art! je t'en supplie à deux
genoux!! daignes, daignes inspirer l'un
de tes plus humbles serviteurs; il en a
grand besoin car il va aborder un sujet
bien délicat; il a la témérité de vouloir
tenter de parler en ton nom trois fois
vénéré de la plus belle moitié du genre
humain !!!

Sans toi, hélas! que peut-il faire, en
effet?

Il assume là, certes, une bien lourde
tâche pour ses faibles épaules!

Salut à la femme!
Salut à cette chère créature qui a été

placée ici bas par la Providence pour nous
rendre plus douce la dure existence en
nous aimant et en nous chérissant !

Salut à la personnification la plus belle
et la plus absolue de l'affection sur terre !
Mères, salut !!

Je demande la permission d'étudier ici
le rôle de la femme au point de vue moral,
« question bien souvent traitée », dira-t-on ?
mais elle est si belle à examiner que l'on y
trouve toujours quelque point à appro-
fondir.

Je veux m'y adonner tout entier, y mettre
toute mon âme.

« Rêves que tout cela », ajoutera-t-on
encore ?

Eh bien, oui ! je suis un rêveur.

Ah ! laissez-nous donc rêver, laissez-nous
donc errer dans les régions éthérées ; il est

toujours assez temps de retomber sur terre pour se heurter aux insurmontables obstacles d'ici-bas, aujourd'hui que nous sommes submergés par l'affreux naturalisme.

Il est de répugnantes choses qui ne sont pas à dépeindre; il y a des choses que l'on fait et qui ne sont pas bonnes à dire! On avouera qu'il est plus agréable d'entendre parler d'idylles que de la vidange d'une fosse d'aisances! A bon entendeur salut!

Revenant à un sujet autrement plus délicieux, je vais d'abord examiner quel est le rôle de la femme dans la Société.

II

« Il n'y a pas eu en France une seule grande
chose... en politique, en littérature, en art,
qui n'ait été inspirée par une femme. »

ALPHONSE KARR.

Le rôle de la femme dans la Société
n'est-il pas avant tout de stimuler l'homme
aux conquêtes de l'intelligence, à l'amélioration des conditions physiques de la vie
sur le globe terrestre, à l'amélioration de
l'industrie et des relations sociales, de pro-
voquer l'émulation dans les lettres, dans
les sciences, dans tout ce qui est chef-
d'œuvre de l'esprit humain ?

La femme n'est-elle pas la grande inspi-
ratrice de l'art ?

Est-ce que si Béatrix n'avait pas existé, Le Dante — de même que Pétrarque sans Laure — nous aurait donné des vers immortels?

Est-ce que s'il n'y avait pas eu la Joconde Léonard de Vinci aurait poussé jusqu'aux dernières limites les beautés de son art? Sans la Fornarina, le nom de Raphaël aurait-il traversé les siècles pour venir jusqu'à nous, le rendant à jamais célèbre ainsi que son modèle?

Proudhon lui-même, l'un des plus farouches détracteurs de la femme, a avoué que la force virile resterait inféconde dans l'ordre physique, dans l'ordre intellectuel et dans l'ordre moral sans le stimulant précieux qu'elle reçoit de l'idéal représenté par la femme. « Sans cette excitation puissante, l'homme ne devient ni laborieux, ni

intelligent, ni digne; il croupit dans la fai-
néantise, l'imbécilité et l'abjection. »

Pourquoi travaillons-nous, tendons nous
toujours vers le progrès si ce n'est pour les
femmes? N'est-ce pas beaucoup à cause
d'elles que sont créés ces splendides ma-
gasins dont s'enorgueillissent à juste titre
nos grandes villes ? N'est-ce pas pour elles
que sont faites toutes les belles productions ?

Je ne parlerai qu'incidemment du rôle
qu'occupent les femmes lorsqu'elles sont
souveraines.

Citerai-je :

BLANCHE DE CASTILLE (1184-1252),

La femme d'EDOUARD III d'Angleterre, à
laquelle Eustache de Saint-Pierre et ses

compagnons : Jean d'Aire, Jacques de Wissant, Pierre de Wissant, Jehan de Fiennes et Andrieux d'Andre, durent la vie lors de la prise de Calais en 1347. — Cette femme, si pleine de bonté, non contente d'avoir sauvé ces malheureux du supplice ignominieux, poussa la grandeur d'âme jusqu'à leur enlever elle-même la corde qu'ils avaient au cou, leur faire donner des vêtements, servir à diner et remettre à chacun six *nobles* (environ 125 francs de notre monnaie actuelle),

VALENTINE DE MILAN, duchesse d'Orléans, née vers 1370, morte en 1409, femme de Louis d'Orléans, frère de Charles VI,

ISABELLE LA CATHOLIQUE (1451-1504), grâce à laquelle Christophe Colomb put découvrir l'Amérique,

ANNE DE FRANCE ou DE BEAUJEU, fille de

Louis XI, née vers 1462, morte en 1522,
(régente du royaume pendant la minorité
de son frère Charles VIII), qui gouverna
avec fermeté, parvint à résister à la faction
des grands en s'appuyant sur les États
et triompha du duc d'Orléans (depuis
Louis XII) dans la *guerre folle* par la victoire de Saint-Aubin-du-Cormier (1488),

ÉLISABETH D'ANGLETERRE (1533-1603),

MARIE STUART (1542-1587),

MARIE DE MÉDICIS, née à Florence en 1573,
morte en 1642,

CHRISTINE DE SUÈDE, fille de Gustave-
Adolphe, née vers 1626, morte en 1689, qui
prit le pouvoir à dix-huit ans et gouverna
avec talent et habileté; elle abdiqua à
Upsal en 1654, ayant à peine vingt-huit
ans. — Possédant une incontestable supé-

riorité d'esprit, elle favorisa de la manière la plus intelligente le développement scientifique, artistique, littéraire de sa nation, enrichit les collections publiques d'une multitude de tableaux, de médailles, de manuscrits, de livres rares et précieux et sut attirer à sa cour le célèbre philosophe Descartes,

ÉLISABETH PETROWNA, Impératrice de Russie, née en 1709, morte le 5 janvier 1762, fille de Pierre-le-Grand, à laquelle on doit l'Académie des Beaux-Arts de Saint-Pétersbourg et l'Université de Moscou.

La grande CATHERINE II, née le 2 Mai 1729 à Stettin (Poméranie), morte le 15 octobre 1796 (parvenue au trône de Russie le 9 juillet 1762 à la suite de la déposition de Pierre III, son mari), qui fonda en 1783

l'Académie Russe et attira à sa cour
d'Alembert et Diderot,

etc., etc.

Nos contemporaines :

La reine VICTORIA,

MARIA PIA, reine de Portugal,

MARIE-CHRISTINE, reine d'Espagne, qui
fait l'admiration de l'Europe entière dans
la situation difficile où elle se trouve,

L'impératrice de Russie MARIE-FÉODO-
ROVNA DAGMAR,

La reine de Suède, SOPHIE,

MARIE, reine des Belges,

La reine NATHALIE de Serbie,

etc.

Me faut-il rappeler ici Clémence Isaure, la riche Toulousaine, qui, en l'an 1490, consacra une partie de sa fortune à la restauration de la plus ancienne société littéraire de notre belle patrie : le « Collège du Gai Savoir », qui s'appela dès lors le « Collège des Jeux Floraux ». — Clémence Isaure assura, par testament, un revenu considérable à cette Société que Louis XIV, par lettres patentes, érigea en Académie en 1694.

Me faut-il rappeler aussi :

Charlotte Corday (1768-1793)?

Comment nier que Madame Roland (1754-1793) et Madame Tallien (1770-1835) aient eu une influence sur la politique pendant la Révolution?

L'influence de Madame Récamier sur son temps n'est-elle pas reconnue?

Me faut-il citer les noms des *femmes de lettres :*

Christine de Pisan, née à Venise en 1363, morte en France, sa patrie d'adoption, vers l'année 1431,

Marguerite de Navarre, sœur de François Ier (la Marguerite des Marguerites), née à Angoulème en 1492, morte à Odes (comté de Bigorre — ancienne province de la Gascogne) en 1549,

Madame de Scudéri, née au Havre en 1607, morte à Paris en 1701,

Madame de Sévigné, née à Paris le 6 février 1626, morte à Grignan (Drôme) le 18 avril 1696,

Madame DE LA FAYETTE, née à Paris en
1634, morte en 1693, à laquelle on doit la
Princesse de Clèves, Zaïde, et des Mémoires
de la cour de France pour 1669 et 1688,

Madame DE MAINTENON, née à Niort le
27 novembre 1635, morte à Saint-Cyr le
15 avril 1719,

Madame DESHOULIÈRES, née à Paris en
1638, morte le 17 février 1694, l'une des
gloires littéraires du siècle de Louis XIV,
surnommée par ses contemporains *la
Calliope Française.*

Madame D'ÉPINAY (Louise de La Live),
née vers 1725, morte le 17 avril 1783, qui a
laissé des : « *Mémoires et correspondances* »
donnant les plus curieux détails sur les
personnages célèbres de son temps ; cet
ouvrage est un tableau très fidèle des
mœurs d'une certaine classe de la société

parisienne au milieu du xviiie siècle, tableau d'une véritable valeur historique,

Madame DE GENLIS, née le 25 janvier 1746
près d'Autun, en Bourgogne, morte à
Paris à la fin d'octobre 1830, à laquelle on
ne doit pas moins de quatre-vingts ouvrages,

Madame COTTIN, née à Tonneins, près
Clairac, en 1773; morte à 35 ans, à Paris
(le 25 août 1807),

Madame DE STAEL, née à Paris en 1766,
morte le 14 juillet 1817, dont il faut signaler
le roman de *Delphine* et surtout celui de
Corinne,

GEORGE SAND, née à Paris le 16 messidor
an XII (5 juillet 1804), morte le 8 juin 1876
au château de Nohant, près de La Châtre
(Indre), dont il faut citer : *Indiana*, *Valentine*,

*Jacques, les Maîtres sonneurs, l'Homme de
neige, Pierre qui roule, Jean de La Roche,
Melle de la Quintinie;* les romans champêtres:
*la Mare au Diable, François le Champi, la
Petite Fadette;* les pièces : *Claudie, les
Beaux Messieurs de Bois-Doré* et *le Mar-
quis de Villemer.*

Madame DELPHINE DE GIRARDIN, née à
Aix-la-Chapelle le 26 janvier 1804, morte à
Paris le 29 juin 1855, que l'on a appelée
la dixième Muse, et qui nous a donné les
comédies: *Lady Tartuffe, la Joie fait peur,
le Chapeau d'un horloger,*

Madame HENRY GRÉVILLE,

Madame ADAM,

GEORGE DE PEYREBRUNE,

JUDITH GAUTHIER,

Daniel Lesueur,

   etc.

Peut-on croire, après avoir lu tous ces noms de femmes écrivains, que la Société des Gens de Lettres ouvre très difficilement et comme à regret ses portes aux femmes?

Dois-je rappeler aussi les *peintres*? La liste en est interminable; néanmoins, pour les besoins de ma cause, je vais essayer ici d'en tracer les grandes lignes, car je la considère comme venant, à propos, à l'appui de ma thèse.

Nous devons les premiers à l'ancienne Grèce.

Ce furent :

Timarété

et ARISTARÈTE. — Cette dernière (fille du peintre Nearchus), se rendit elle-même célèbre par son habileté dans l'art de la peinture. Elle exécuta notamment un tableau représentant *Esculape*, tableau qui lui valut une belle renommée, à tel point que Pline nous a fait connaître son nom.

L'Asie-Mineure produisit LALA, qui naquit à Cyzique au 1er siècle avant Jésus-Christ. — Elle vint à Rome vers les derniers temps de la République. Elle s'y rendit célèbre par son habileté à peindre des portraits à l'encaustique et sur ivoire. Elle peignait avec une extrême rapidité et excellait surtout dans les portraits de femme. Ses œuvres eurent une vogue extraordinaire.

L'Égyptienne HÉLÈNE vint ensuite.

Il faut signaler parmi les Espagnoles :

ISABELLE CŒLLO (1564-1612),

DOROTHÉE et MARGUERITE JOANÈS,

FRANCISCA Y VELASCO,

La marquise d'AVEIRO,

La duchesse THERESA DE SARMIENTO Y
BEJAR,

La duchesse MARIANNA DE SILVA BAZAN
Y SARMIENTO Y HUESCAR,

    etc.

 Le Portugal a eu :

MARIA DA CRUZE, religieuse qui travailla
la peinture dans son couvent avec un
talent tel que l'histoire nous a transmis
son nom,

    etc.

Parmi les Russes on remarque :

ANNA BILINSKA,

Mademoiselle VÉRA ALEXANDROFF,

etc.

La Suisse a eu :

ANNA WASER (née en 1679 à Zurich, morte en 1713) qui montra, dès l'enfance, un goût des plus prononcés pour l'étude du dessin et de la peinture. — Elle reçut des leçons du peintre Jacques Werner et exécuta, dès l'âge de 13 ans, une excellente copie d'un tableau de son maitre : *La Flore*. Elle s'adonna, de préférence, à la miniature et acquit rapidement une grande réputation dans ce genre. Elle eut des commandes pour les cours de Bade-Dourlach, de Stuttgard, de Wurtemberg

et pour les États de Hollande. Elle aurait
acquis, sans aucun doute, une célébrité
européenne si elle n'avait malheureusement été enlevée à la fleur de l'âge, à la
suite d'une chûte. — Ce n'est donc que
justice que, malgré cette vie si courte, son
nom ait été recueilli par la postérité.

MARIE - ANNE - ANGÉLICA - CATHERINE
KAUFFMANN (née en 1741 à Coire [canton
des Grisons], morte en 1807 à Rome), qui,
dès l'âge de 12 ans, montra de sérieuses dispositions pour la peinture. — Son père l'em-
mena à cette époque de sa jeunesse dans la
Valteline, en Italie. Nevroni, l'évêque de
Côme, ayant entendu parler du talent pré-
coce de cet enfant, se la fit amener au palais
épiscopal et lui fit faire son portrait. Elle
réussit à exécuter une peinture très
remarquable pour son âge et qui lui fit

obtenir, dans la suite, un très grand nombre de commandes. A 20 ans, elle avait déjà une réputation dans le genre du portrait et sa renommée devint telle, qu'elle fut appelée à Londres pour y faire les portraits des membres de la famille royale. Elle fut plus tard admise par la Société royale de Peinture de Londres au nombre de ses membres. Comme je l'ai dit plus haut, elle mourut dans la Ville Éternelle. De même qu'aux funérailles du grand Raphaël, on porta (aux obsèques de cette remarquable artiste) ses deux derniers tableaux derrière son cercueil. On doit à Angelica Kauffmann les belles peintures suivantes : *Léonard de Vinci expirant dans les bras de François I*; *le Retour d'Arminius, vainqueur des légions*

de Varus; la Pompe funèbre de Pallas, et
Une Nymphe sortant de l'eau,

 etc.

Il faut citer parmi les Américaines :

Miss MARY CASSATT,

 etc.

Parmi les Anglaises, il faut mentionner :

MARY BEALE (née en 1632, dans le comté
de Suffolk, morte en 1697), qui acquit rapidement de la réputation comme peintre de
portraits, et dont les œuvres furent très
recherchées,

ANNE KILLIGREW,

ANNE CARLISLE,

MARY COSWAY,

Miss LAWRENCE,

Miss LAURA-ALMA TADÉMA, auteur d'un tableau représentant des *Joueuses de volants,* toile qui a figuré à l'Exposition universelle de Chicago en 1893,

etc.

La Belgique a produit:

MARGUERITE VAN EYCK,

BERLINETTE YWEINS, de Bruges,

La béguine BABET BOONS,

CLARA DE KEYSER,

ANNE SEGHER,

ANNE SMYTERS,

GERTRUDE VAN VEEN,

Catherine Pepyn,

Anne-Françoise de Bruyns,

Anne de Deyster,

Marie Myin,

Catherine Ykens,

Gertrude de Pélichy,

etc.

La Hollande a eu :

Anne de Cronenburg,

Catherine Van Hemsem, miniaturiste,

Anne-Marie de Schurmann (née en 1607 à Cologne, morte en 1678 à Wiewert près de Leeuwarden, province de Frise), qui avait un talent tel qu'elle fut appelée, par ses contemporains, *la merveille de son siécle,*

MARGUERITE GODEWYCK (1677),

MARIA VAN OOSTERWYCK (née en 1630 à Nootdorp près de Delft [Hollande méridionale], morte en 1693), qui montra dès le jeune âge de grandes dispositions artistiques. Aussi son père se détermina-t-il à l'envoyer à Utrecht pour suivre les leçons du célèbre peintre de fleurs Jean de Heem. Là, cette artiste fit de très grands progrès ; ses productions eurent beaucoup de succès, à tel point qu'elle arriva rapidement à balancer la réputation de son maître même. Pendant le cours de son existence, elle exécuta relativement peu d'œuvres. Ce fait est dû à ce qu'elle s'attachait beaucoup à donner du fini à ses compositions ; aussi sont-elles pleines d'éclat, de fraîcheur et font-

elles, pour la plupart, ressortir les fleurs
par la juxtaposition des nuances. — Par
suite, on s'explique facilement que ses
toiles furent recherchées par Louis XIV,
par l'empereur Léopold, par le roi de
Pologne et par le roi d'Angleterre Guillaume III,

Rachel Ruysck (1664-1750),

Gertrude Pieters,

Marguerite de Grebber,

Gezina Terburg,

Marguerite de Heere,

Jacquemine Metsu,

Marie Verelst,

Alida Withoos,

Marie Schalken,

Catherine Knibberger,

Alida Carré,

Pétronille Van Cuyck,

Anne Folkema,

Marguerite Haverman (née en 1720 à Amsterdam, morte en 1795), qui fut élève du célèbre Van Huysum et peignit avec beaucoup de talent des fruits et surtout des fleurs. — Ses productions furent très recherchées à Paris où elle séjourna pendant quelque temps,

Cornélie et Agathe Van der Myn,

Georgina Hogenhuyzen,

Adrienne Verbruggen,

Sarah Troost.

Élisabeth Wassemberg,

Henriette Wolters,

Marguerite Wulpaat,

Cornélie Lamme,

etc.

Je vous prie, chères lectrices, de vouloir bien remarquer ici que si je viens de relater les noms de toutes ces artistes; c'est parce que l'Histoire les a religieusement enregistrés, les ayant ainsi jugées dignes de cette prérogative par leurs talents.

Parmi les Françaises, il faut retenir les noms de :

Laurence Fauconnier , de Bourges (xvie siècle), qui se fit une réputation dans la peinture sur verre. — On peut encore voir, de nos jours (dans l'église Saint-

Bonnet, de Bourges), un remarquable
vitrail exécuté—en 1565—par cette artiste.

Les deux sœurs BOULLONGNE : GENEVIÈVE
(née en 1645, morte en 1708 à Aix, en Pro-
vence), et MADELEINE (née en 1646, morte
en 1710 à Paris), qui furent toutes deux
reçues à l'Académie le 7 décembre 1669.
La cadette : Madeleine, décora au palais
de Versailles — dans l'appartement de la
reine — des dessus de porte des attributs
des arts.

VALÉRIE LAUDIN,

CHARLOTTE VIGNON,

CATHERINE PERROT,

ÉLISABETH-SOPHIE CHÉRON (née en 1648
à Paris, morte en 1711) qui avait déjà de
la réputation à 24 ans, et fut reçue en

1672 au nombre des membres de l'Académie royale de peinture et de sculpture. Elle exécuta de remarquables tableaux d'histoire, notamment : une *Fuite en Egypte*, le *Christ au tombeau*, *Cassandre interrogeant un génie sur le sort de Troie*, et excella, de plus, dans le portrait. On lui doit — entre autres — le portrait de Madame Deshoulières.

MADELEINE-FRANÇOISE BASSEPORTE (née en 1700 à Paris, morte en 1780) qui dut à son talent de succéder — en 1732 — à Aubriet dans la place de dessinateur du Jardin des Plantes. — Elle contribua à l'agrandissement de la belle collection de plantes peintes sur vélin qui fut commencée par le frère du roi Louis XIII, Gaston d'Orléans. (Cette collection est encore précieusement conservée aujourd'hui au Muséum d'Histoire naturelle).

MARIANNE LOIR qui a laissé de nombreux portraits parmi lesquels on remarque celui de Madame la marquise Gabrielle-Emilie du Chastelet, l'une de nos plus célèbres mathématiciennes (pastel).

MARGUERITE GIRARD qui collabora avec son maître Fragonard,

ANNA GREUZE,

Madame CADET (morte en 1801) qui acquit un remarquable talent dans la peinture en miniature et sur émail. — L'une de ses meilleures œuvres est le portrait de Necker qu'elle exposa au Salon de 1791.

CATHERINE LUSURIER,

Madame MARIE REBOUL-VIEN (née en

· 1728, morte en 1805) qui se fit un nom en peinture pour l'exactitude et la délicatesse avec laquelle elle savait représenter les fleurs, les papillons et les oiseaux. — Elle aussi fut reçue à l'Académie et peignit pour son admission une *Poule huppée avec ses petits,* tableau qui, plus tard, fut acheté par l'impératrice de Russie Catherine II.

Madame LOUISE-ÉLISABETH VIGÉE-LE BRUN (née le 16 avril 1755 à Paris, morte le 30 mars 1842) qui apprit presque toute seule les premiers rudiments de l'art dans l'atelier de son père, peintre de talent lui-même. — En peu de temps elle acquit les plus précieuses qualités; elle étudia (dans les galeries du Louvre) les œuvres de Rembrandt, Van Dyck, Rubens et Greuze. Dès l'âge de 20 ans, elle était déjà célèbre parmi les artistes et ses portraits du *Comte*

Orloff, de *Souvaloff,* de la *Comtesse de Brionne,* de la *Duchesse d'Orléans,* la firent connaître dans le grand monde. En 1775, elle exécuta — d'après des gravures — les portraits de *La Bruyère* et du *Cardinal Fleury* qui lui valurent d'avoir ses entrées à toutes les séances de l'Académie Française. Elle fut reçue (en 1783) à l'Académie de Peinture sur la proposition de Joseph Vernet. Elle présenta comme tableau de réception la *Paix qui ramène l'Abondance.* En 1786, elle fit le portrait de *Marie-Antoinette entourée de ses enfants,* qui eût l'un des grands succès du salon de 1817. (Ce portrait se trouve actuellement au Musée de Versailles).

En 1789, elle peignit le portrait du *Bailli de Crussol.*

Pendant la Révolution, elle se réfugia en Italie où elle exécuta ses plus belles

toiles. Elle fit, à Rome, les portraits du
peintre *Robert* et de *Miss Pitt* (en Hebé).
(Ce dernier, l'un de ses meilleurs sans
contredit, se trouve à Londres). A Naples,
elle fit ceux du compositeur italien *Pai-
siello* et de *Lady Hamilton*, qu'elle a repré-
sentée en bacchante se roulant au bord de
la mer. (Ce dernier est au musée du
Louvre où se trouve également sa fameuse
Femme au manchon, nom sous lequel est
connu le portrait de *Madame Molé Ray-
mond).* — On peut encore admirer au
Louvre deux portraits d'elle et de sa fille
peints par elle-même. — Toutes ces peintures sont bien certainement les meilleures
de son œuvre. Ses propres portraits surtout sont de véritables merveilles de grâce
et de délicatesse, en un mot, de ravissantes
images de la tendresse maternelle.

6

En 1802, elle peignit — à Londres — le portrait de *Lord Byron.*

Enfin, plus tard, elle exécuta — à Coppet (Suisse) — le beau portrait de *Madame de Staël.*

Mademoiselle CONSTANCE MAYER (née en 1778 à Paris, morte en 1821) qui fut élève de Joseph-Benoît Suvée et de Greuze et commença à se faire connaître aux Salons de 1796, 1797, 1798, 1799, 1800, 1801 et 1802. — Elle entra vers 1803 dans l'atelier de Prudhon et obtint trois ans après une médaille (1806).

Madame ANTOINETTE-CÉCILE-HORTENSE LESCOT-HAUDEBOURG (née en 1784 à Paris, morte en 1845) qui eut pour maître Lethière et exposa fort jeune sous le Directoire et sous le Consulat. — Elle se rendit en Italie (à Rome) pour s'y perfectionner dans son art, et fut couronnée au Capitole en 1807. Elle excellait surtout dans les sujets d'intérieur et les scènes populaires. Ses tableaux les plus remarquables sont : le *Baisement de la statue de Saint-Pierre (Rome);* la *Confirmation dans l'église de Sainte-Agnès, à Rome,* et le *Jeu de la main chaude* (1812); des *Pifferari jouant devant une Madone* (1814); *Diseuse de bonne aventure;* un *Escamoteur* (1817); un *Théâtre de marionnettes à Rome* (1822); le *Marchand de tableaux* (1824); le *Petit voleur de raisins* (1827); le *Poète et son libraire* (1835).

Mesdames :

ÉLISA BRUYÈRE,

OCT. PAIGNÉ,

ADÈLE DELAPORTE,

Emma Desportes,

A. Lemarchand,

Olympe Arson,

Henriette de Longchamp (née en 1819 à Saint-Dizier) qui débuta — en 1841 — au Salon où elle envoya un *Panier de fleurs* et un *Groupe de fruits*. — En 1847, elle exposa (également au Salon) *L'Offrande à la Vierge*, qui lui valut une troisième médaille et obtint un nouveau succès en 1848, avec son tableau *La Croix du chemin*.

Mesdames :

Girardin,

Éléonore-Caroline Légerot-Escallier (née en 1827 à Poligny [département du Jura], morte le 17 juin 1888 à Sèvres) — élève de notre peintre Jules-Claude Ziegler

— qui a été attachée à la Manufacture Nationale de Sèvres où elle a décoré un grand nombre de vases et de plats. — Elle obtint une médaille au Salon de 1868. En 1880, elle envoya de même au Salon *Le Printemps,* qui lui valut une nouvelle médaille. Cette artiste a exécuté des peintures décoratives (des dessus de porte) au palais de la Légion d'honneur. Elle s'est adonnée de préférence, à la peinture de fleurs, de fruits et d'oiseaux. (Madame Escallier reçut les palmes académiques). Son œuvre est très importante; elle comprend en effet les toiles suivantes: *Etang, Jardin, Panier de fleurs, Vase de pétunias* (1861); *Faisans* (1864); *Jeune fille au poisson, Vase de fleurs* (1865); *Fleurs* (1866); *Coin de jardin* (1867); *Fleurs et oiseaux* (1868); *Pêches, Chrysanthèmes* (1869); *Fleurs d'automne, Prunes de Monsieur* (1870); *Fleurs de printemps,*

Pêches et raisins (1872); *Dernières fleurs* (1873); *Fruits* (1874); *Panier de muguet, Panneaux décoratifs* (1875), et *Bourriche de quarantains* (1877).

Madame ALINE DE SAINT-ALBIN,

Mademoiselle ROSA BONHEUR, qui a été promue (le 23 avril 1874) du grade de chevalier *de la Légion d'honneur* à celui d'officier,

Madame DEMONT-BRETON, qui, elle aussi a été décorée *de la Légion d'honneur* (elle a été nommée *chevalier* le 14 juillet 1894 pour son beau tableau: *Jean Bart enrôlant ses hommes),*

Mademoiselle LOUISE ABBÉMA,

Madame MADELEINE LEMAIRE,

Mademoiselle GENEVIÈVE BŒTZEL, qui

fait partie de notre jeunesse, l'espoir de notre cher pays! et qui, fait remarquable, peut-être sans précédent, a vu (à l'âge de seize ans!) –· en juillet 1893 — l'une de ses œuvres *achetée par l'État*. — Cette œuvre est une fort belle copie d'un tableau du Musée du Louvre: *Attributs de musique*, d'Anne Vallayer Koster. Que n'est-on pas en droit d'attendre d'une pareille artiste plus tard !!!

Mademoiselle MORIZOT, qui a eu également l'un de ses tableaux, un *Portrait*, acheté par l'Etat le 19 mars 1894;

Mesdames :

DEBILLEMONT,

LUCAS-ROBIQUET,

et Mademoiselle ODERIEU,

qui, toutes trois ont remporté des troisièmes médailles en 1894 au Salon des Champs-Élysées,

Mademoiselle DARBOUR, qui a obtenu au même Salon une mention honorable pour son *Retour du premier bal*.

Mesdames :

DUBOURG,

DUMOND,

et

Mesdemoiselles :

BRÉMOND,

et A. FOULD,

qui ont aussi obtenu des mentions honorables à la même Exposition.

Enfin, je terminerai cette longue mais

indispensable énumération en citant ici le
nom de Mademoiselle MAXIMILIENNE GUYON
qui a obtenu également au Salon des
Champs-Élysées une bourse de voyage du
Conseil Supérieur des Beaux-Arts pour
ses deux toiles: *Un Rôdeur* et *Une Parisienne.*

Me faut-il rappeler maintenant les *sculpteurs :*

CATHERINE DUCHEMIN (épouse du sculpteur Girardon), la première femme qui, en
France, eut l'honneur de faire partie de
l'Académie, — en 1663,

Nos contemporaines :

La princesse MARIE D'ORLÉANS, fille du
roi Louis-Philippe (né en 1813 à Palerme,
morte — en janvier 1839 — en Italie [à

Pise] d'une maladie de poitrine dont elle fut atteinte, l'année d'avant, à la suite de couches), qui eût pour maître le sculpteur Pierre-Jean David, et qui a exécuté une remarquable statue en pied de *Jeanne d'Arc tenant son épée dans ses bras croisés.* (Cette statue est actuellement au Musée du Louvre, et il en existe une reproduction à Orléans, sur la place de l'Hôtel de ville). — La princesse Marie d'Orléans a fait, en outre: une autre statue de *Jeanne d'Arc* (statue équestre); la *Mort du Chevalier Bayard.* Elle a enfin sculpté un *Ange* pour le tombeau de son frère, duc d'Orléans,

Madame MARIE-LOUISE LEFÈVRE-DEUMIER (née à Argentan [département de l'Orne] vers 1820, morte en avril 1877), qui obtint — en 1853 — une médaille de 3ᵉ classe, et, en 1855, une mention honorable. —

Elle a exécuté un grand nombre d'œuvres parmi lesquelles on remarque : *Jeune pâtre de l'île de Procida* (1850); le *Prince président* (buste) (1852); *Matrone romaine* (1857); *Virgile enfant* (1857); *le Général Paixhans* (buste) (1857); *l'Impératrice Eugénie agenouillée* (1859); *l'Étoile du Matin* (1863), et le *Baron Sibue* (buste) (1869),

Madame LÉON BERTAUX, née en 1828 à Paris. — (Après avoir écrit ce nom, je m'arrête un instant pour saluer respectueusement ici celle qui le porte, car il vaut plus qu'une simple mention. Je dois le dire, en effet, dès maintenant; c'est à cette noble femme que revient le grand honneur d'avoir fondé cette œuvre si précieusement utile et si éminemment humanitaire que l'on appelle « *L'Union des Femmes Peintres et Sculpteurs* », œuvre en

très bonne voie, qui répond à un besoin
immédiat, qui ne peut que croitre et embel-
lir de jour en jour davantage, et qui, très
certainement, est appelée au plus brillant
avenir !!! — L'œuvre de Madame Léon
Bertaux en sculpture est considérable. —
Élève de MM. Pierre Hébert et Dumont,
elle débuta — en 1857 — en exposant le
modèle en plâtre d'un bénitier décoré des
trois figures de *la Foi,* de *l'Espérance* et
de *la Charité,* bénitier qui fut exécuté en
bronze pour le ministère de la maison de
l'empereur Napoléon III et a été donné à
l'église de Saint-Gratien (Seine-et-Oise). —
Cette artiste a pris part à toutes les expositions qui ont eu lieu à Paris depuis
l'année 1857. — Elle a obtenu (en 1863) une
mention honorable pour un grand bas-
relief en bronze représentant *l'Assomption*
et une médaille (en 1867) pour un *Jeune*

Gaulois prisonnier, statue en marbre d'une exécution remarquable par sa fermeté. — Ses principales œuvres — en dehors des précédentes — sont : les *Quatre Saisons*, bas-reliefs dont un *(l'Hiver)* a été exposé en 1861; *L'Amour dominateur* (1865); une *Nymphe entourée d'enfants*, groupe monumental formant le couronnement d'une fontaine inaugurée à Amiens en 1864; la *Navigation*, bas-relief de la nouvelle aile du palais des Tuileries; *Saint Mathieu* et *Saint Philippe*, statues en pierre de l'un des portails de l'église Saint-Laurent à Paris; le tympan de la porte principale de l'église neuve de Saint-François-Xavier à Paris, représentant *Deux Anges adorant l'Agneau immolé;* la célèbre statue de la *Jeune fille au bain*, qui lui valut au Salon de 1873 sa troisième médaille, etc. — Madame Léon Bertaux est hors concours de nos Expositions. — Comme on le voit, son œuvre est considérable. — Elle s'est incontestablement placée au premier rang des femmes sculpteurs de notre époque,

Madame CLAUDE VIGNON (née en 1833 à Paris, morte le 12 avril 1888 à Nice) qui fut élève du sculpteur James Pradier, et dont l'œuvre est également considérable. — Elle a, en effet, exécuté : *l'Enfance de Bacchus*, statue en marbre qui a été exposée au Salon de 1853, ainsi qu'un buste de *Romieu;* le buste (en marbre) de *Monsieur Goupy* (1855); un groupe en marbre *Idylle;* les bustes de *Lefuel* et de *Pierre Gavarni* (1857); *Génie*, bas-relief pour le Louvre (1859); la *Musique*, bas-relief pour le ministère d'État (1861); les bustes de *Lemaître* et du *Baron de Beaulieu* (1864); le buste de *Lefebvre-Duruflé* (1866); celui de *Montferrier* (1868); *Canova*, buste en

marbre (1873); *Petit danseur aux casta-
gnettes*, terre cuite; *La Fontaine*, buste en
marbre (1874); le buste de *Maurice Rou-
vier; Daphné*, terre cuite émaillée (1875);
buste de *Monsieur de Tillancourt*, terre
cuite (1877); *Pêcheur à l'épervier*, platre
(1878). — Elle a exécuté, en outre (sous
l'Empire), des travaux de sculpture décorative pour le Louvre, pour le Ministère
d'État et pour la fontaine Saint-Michel. —
Comme on peut s'en rendre compte,
l'œuvre de Madame Claude Vignon, à
l'exemple de celle de Madame Léon Bertaux, présente une réelle importance.

La duchesse D'UZÈS, auteur d'une statue
de *Saint Hubert,* qui a été très remarquée
à l'un des derniers Salons du Palais de
l'Industrie, et qui a remporté — le 30 juin
1893 — le premier prix au concours ouvert

à Valence pour l'érection d'un monument à Émile Augier,

Madame LAURE COUTAN que l'État a chargé d'exécuter une grande statue décorative pour le palais Mustapha, résidence du gouverneur général de l'Algérie,

Madame AMÉLIE COLOMBIER, auteur d'un joli buste en marbre de Madame Fernand Xau,

Madame SYAMOUR (née GAGNEUR) auteur d'une grande statue, *Musique d'amour*, exposée en mai 1894 au Salon des Champs-Élysées,

Mademoiselle GABRIELLE DUMONTET,

etc., etc.,

également toutes Françaises !. — C'est, en effet, à notre belle patrie qu'échoit la

palme, pour les femmes, dans l'art cher à
Phidias.

En considérant cette longue suite de
noms de femmes, peintres et sculpteurs,
on se demande véritablement s'il est possible qu'à la fin du xixe siècle, les jeunes
filles ne puissent encore faire partie de
notre École Nationale des Beaux-Arts!

Il ressort pourtant d'un rapport qui a
été présenté par M. Tétreau au Conseil
supérieur des Beaux-Arts que:

— « La France ne saurait refuser aux
femmes ce qui leur est accordé en Angleterre, en Allemagne, en Suède, en Amérique, où il a été constaté que l'ouverture
des cours communs aux deux sexes n'a
donné lieu à aucune critique ni à aucune
constatation que les convenances aient été
froissées,

Il suffit de parler du *Kensington Museum*
de Londres, où les cours communs de
dessin d'après l'antique et le modèle vivant
sont régulièrement suivis par une nom-
breuse assistance d'hommes et de femmes
sans que la pudique Albion se soit émue
d'une promiscuité qu'on prétend redou-
table et dont rien n'est venu démontrer le
danger. »

Le Directeur général des Beaux-Arts en
1878, M. Eugène Guillaume, a dit à ce
propos :

— « On s'étonnera un jour qu'il ait fallu
conquérir le droit des femmes à l'École
des Beaux-Arts au prix de tant de peines
et de retards. *Mais le moment opportun
viendra.* »

Nous en acceptons l'heureux augure !

Dans un excellent article paru dans le journal « *Le Rappel* », du 4 février 1893, l'éminent écrivain Auguste Vacquerie a dit également (au lendemain du rejet — par notre Chambre des Députés — d'une proposition tendant à faire admettre les femmes aux cours de cette même École des Beaux-Arts) :

« Si la France est plus prude que l'Angle-
« terre et si les Députés sentent la rou-
« geur leur monter aux joues à la pensée
« d'hommes et de femmes travaillant en-
« semble, ils pouvaient voter une École
« annexe et des ateliers femelles que des
« portes solides et de forts verrous sépa-
« reraient des ateliers mâles.

« C'est d'ailleurs ce que demandait, en
« juillet 1889, le Congrès des œuvres et
« instructions féminines, présidée par
« M. Jules Simon.

« Son vœu était: « qu'il fut créé, à
« l'École des Beaux-Arts, une classe spé-
« ciale séparée des hommes, où la femme,
« sans blesser les convenances, recevrait
« le même enseignement que l'homme,
« *avec faculté, dans les conditions qui*
« *règlent cette École, d'être admise à tous*
« *les concours d'esquisse ayant pour consé-*
« *quence l'obtention du prix de Rome.* »

« Le Conseil supérieur devant qui la
« question fut portée n'objecta que l'exi-
« guité de l'École. Mais, depuis cette fin
« de non-recevoir, l'École s'est agrandie
« de l'hôtel de Chimay. Si on a dépensé
« quatre millions pour l'achat et un
« million pour l'aménagement, c'est sans
« doute afin d'être plus à l'aise qu'on
« n'était.

« Comment n'a-t-on pas trouvé dans cet
« élargissement une place où l'on donne-

« rait à la femme ce que, *de l'avis du Con-*
« *seil supérieur des Beaux-Arts,* « *l'Etat,*
« *dans les conditions d'existence de la Société*
« *actuelle, ne peut pas lui refuser?* »

« *Les raisons* qu'on donne contre l'ad-
« mission des femmes à l'École des Beaux-
« Arts *pourraient être données* contre leur
« admission à l'École de Médecine et à
« l'École de Droit, contre leur admission
« au Conservatoire.

« Fermez à la femme l'École de Méde-
« cine, l'École de Droit et le Conservatoire,
« ou bien ouvrez-lui l'École des Beaux-
« Arts. Si vous la lui fermez, soyez logi-
« ques, allez jusqu'au bout, défendez-lui
« de peindre et de sculpter.

« Ce ne sera pas plus inique d'empê-
« cher la femme de pratiquer la peinture
« et la sculpture que de l'empêcher de les
« apprendre !!! »

Enfin, notre grand peintre Carolus Duran est d'avis que les femmes ont le droit de faire les mêmes études que les hommes, à la condition bien naturelle qu'il y ait à l'Ecole des Beaux-Arts le côté des dames et le côté des hommes.

Pour en terminer avec cette délicate question, je rappelerai qu'en Amérique il y a des femmes *architectes;* il faut retenir parmi elles les noms de :

Mademoiselle Sophie G. Hayden, qui a remporté le premier prix dans le concours ouvert pour l'érection du *Palais de la Femme*, à l'Exposition de Chicago en 1893, et qui a dirigé la construction de ce palais,

Mademoiselle Alice M. Rideout, de San-Francisco,

etc.

Dois-je enfin rappeler :

Les musiciennes :

Mademoiselle Loïsa Puget,

Mademoiselle Augusta Holmès,

Mademoiselle Folleville,

Madame la comtesse de Grandval,

Mademoiselle M. de Pierpont,

Mademoiselle Marguerite Cavalonga,

etc.

Les instrumentistes :

Mademoiselle Magdeleine Godard,

Madame Roger-Miclos,

etc.

On me reprochera peut-être d'avoir oublié dans tout cela les artistes de théâtre. Si je l'ai fait, c'est à dessein.

Désirant, avant tout, que mon livre soit essentiellement moral, je n'ai pas voulu m'occuper d'un art (je reconnais que ç'en est un) particulièrement dangereux pour la vertu de celles qui l'exercent.

J'ai parlé tout à l'heure des reines avant les *héroïnes,* je le regrette.

Place d'abord à elles; gloire à elles !

Honneur à JEANNE D'ARC !

Honneur à JEANNE HACHETTE !

Honneur à la jeune Bretonne PERRINAIC, compagne de Jeanne d'Arc, qui fut brûlée par les Anglais sur la place du Parvis de

Notre-Dame de Paris le 3 septembre 1430, c'est-à-dire près de neuf mois avant notre héroïque Lorraine,

Gloire à :

ETHVIGE, qui a habilement dirigé la défense de Laon lors d'un siège de cette cité au Moyen-Age,

GERBERGE, qui conduisit ses soldats contre les troupes de Robert de Trèves et remporta une éclatante victoire sur ce dernier sous les murs de la ville de Dijon,

GUIRANDE DE LAVAUR, qui défendit vaillamment sa ville natale (Lavaur),

JUDITH AUDRAN, de Castellane,

MARGUERITE DE BRESSIEUX-ANJOU, d'Angers,

JEANNE DE FLANDRE, comtesse de Mont-

fort, qui défendit héroïquement, à deux
reprises différentes — en 1342 et en 1343 —
la place forte d'Hennebon (Bretagne)
contre les assauts du comte Charles de
Blois et de sa femme Jeanne de Penthièvre.
— S'étant mise à la tête d'une flottile de
guerre, elle monta à l'abordage une hache
à la main.

•

Honneur à la compagne du vaillant
connétable Du Guesclin, qui, lors de l'assaut de la ville de Pontorson, jeta les
Anglais à bas de leurs échelles.

Honneur à :

Brigitte Schicklin, qui força les Arma-
gnacs à lever le siège de Guebwiller (1444),

Jeanne Maillotte, de Lille, qui se signala

par sa bravoure lors de la révolte des Confédérés de Tournai (les Hurlus),

MARIE D'HARCOURT, qui défendit son château de Vaudemont les armes à la main.

Honneur à :

La noble dame DE BRÉTIGNY, qui, lors du siège de Beauvais par Charles-le-Téméraire — en 1472 — arrêta elle-même l'évêque de cette ville qui s'enfuyait lâchement à cheval et le ramena ensuite dans l'enceinte fortifiée.

Et aux dames DE BAUSSET, DE ROQUE-VAIRE et DE LA MURE, qui, lors du siège de Marseille par le connétable Charles de Bourbon, s'élancèrent aux remparts entraînées par la dame de Monteaux.

Gloire à :

Marie-Catherine Fouré de Poix, qui combattit corps à corps lors du siège de Péronne par le comte de Nassau en 1536, et prit une bannière à l'ennemi tout en précipitant dans un fossé l'enseigne qui la portait,

Louise Charlin (dite Louise Labé), — née à Lyon en 1526, morte en 1566, — qui, au siège de Perpignan, en 1542, montra tant de courage que les soldats la surnommèrent « *le capitaine Loys!* »

Barbe d'Ernecourt, comtesse de Balmont, qui fit, le mousquet au poing, les guerres d'Espagne lors de l'arrivée de Louis XIV au trône,

Anne de Vaux, qui, par sa bravoure, parvint à obtenir (en 1648) le grade de *lieutenant!*

CHRISTINE DE MEYRAC, qui se fit remarquer par son intrépidité au siège de Limbourg (Belgique), par Louis XIV, en 1675,

GENEVIÈVE PRENOY, de Guise, qui fut cornette au régiment du prince de Condé et fut nommée lieutenant de cavalerie en 1677,

PHILIS DE LA TOUR DU PIN, de la Charce, qui défendit, en 1690, Nyons contre le duc de Savoie, Victor-Amédée II. — Elle prêta un tel appui au maréchal Catinat que, par ordre de Louis XIV, son portrait, peint par Mignard en 1692, son écusson et ses armes furent déposées dans le trésor de la basilique de Saint-Denis et qu'une pension de 2,000 livres lui fut accordée comme à un brave officier.

Honneur à Madame DE LA GUETTE.

Gloire à la Belge MARIE-JEANNE SCHEL-
LINCK (née à Gand le 25 juillet 1757), qui
entra au service au deuxième bataillon
belge, le 15 avril 1792. — Elle fit les campagnes de Belgique (de 1792 à 1794), de
Hollande (1795), d'Italie (de 1796), 1797
et 1800), d'Allemagne (1805 et 1806) et de
Pologne (1807).

Au combat de Jemmapes (6 novembre
1792), elle ne reçut pas moins de six coups
de sabre, la pauvre femme!

Elle assista — sous les ordres du général
Augereau — à la bataille d'Arcole (17 novembre 1796).

A Austerlitz (2 décembre 1805), elle fut
frappée d'une balle à la cuisse gauche.

Enfin, elle fut encore blessée à Iéna (le
15 octobre 1806) la malheureuse!

L'empereur Napoléon Ier récompensa
tant d'énergie (le 20 juin 1808) par la croix

des braves ! et par une pension de 700 francs.

Les nombreuses blessures de Marie Schellinck ne l'empêchèrent pas de vivre néanmoins jusqu'à 82 ans.

Elle mourut le 1ᵉʳ septembre 1840, à Menin (Belgique).

Honneur à CATHERINE POCHELAT, née le 21 janvier 1770, à Époisses (département de la Côte-d'Or).

Elle s'enrôla à 22 ans (le 2 août 1792) à Paris, dans la compagnie de canonniers du bataillon des Enfants-Rouges qui, plus tard, fut réunie au bataillon de Saint-Denis.

Elle se signala aux combats de Bossat et de Jemmapes (4, 5 et 6 novembre 1792) sous les ordres du général Dumouriez.

A ce dernier combat, elle contribua avec

le 71ᵉ régiment d'infanterie (ci-devant Vivarais) à faire battre en retraite le régiment de dragons de Cobourg.

Elle devint ensuite sous-lieutenant d'infanterie dans la Légion des Ardennes.

La Convention Nationale lui accorda une pension annuelle de 300 livres dans sa séance du 26 juin 1793.

Catherine Pochelat mourut à Paris le 4 janvier 1828.

Gloire à MARIE-ANGÉLIQUE-JOSÈPHE BRULON (née DUCHEMIN), qui naquit à Dinan (département des Côtes-du-Nord) le 20 janvier 1772 et fut incorporée — en 1792 — au 42ᵉ régiment d'infanterie où elle devint caporal-fourrier.

En Corse, à l'attaque du fort Gesco par les rebelles indigènes et les Anglais, elle fut frappée au bras droit d'un coup de

sabre, puis, malheureusement, d'un coup
de stylet à l'autre bras.

Quoique ayant ainsi les deux bras hors
de service, elle eut l'énergie d'aller, à deux
kilomètres de là, chercher, en pleine nuit,
des munitions.

Au siège de Calvi (5 prairial, an II de la
République Française), elle défendit désespérément — avec une poignée d'hommes
— une porte qui était assiégée par les
Anglais. Elle fut affreusement blessée à la
jambe gauche par un éclat d'obus. Elle fut
décorée de la Légion d'honneur le 15 août
1851 par l'empereur Napoléon III, et mourut — à l'âge de 88 ans — (le 13 juillet 1859)
à l'Hôtel des Invalides où elle avait été
admise à la suite de sa terrible blessure
(le 24 frimaire an VII).

Honneur à MARIE-THÉRÈSE FIGUEUR (dite

Sans-Gène), née le 17 janvier 1774, à Talmay (arrondissement de Dijon).

De 10 à 18 ans, elle habita Avignon.

Lorsqu'arriva la tourmente révolutionnaire (1793), elle avait alors 18 ans.

Le 9 juillet de cette dernière année, elle s'engagea dans les chasseurs à cheval Savoisiens (légion Allobroge).

Elle reçut une balle au côté gauche lors du siège de Toulon.

Après la prise de cette ville (12 germinal an II), la légion Allobroge fut incorporée au 15ᵉ régiment de dragons qui était en garnison à Castres.

De là, Thérèse Figueur fut dirigée sur notre armée des Pyrénées-Orientales qui venait d'envahir l'Espagne sous le commandement du général Dugommier.

Elle entra avec les premiers soldats dans

la place forte de Figueras (Catalogne),
près de la frontière française.

Lorsque la paix fut faite avec l'Espagne,
elle fut envoyée à l'armée d'Italie, où on
voulut la nommer brigadier, mais elle
refusa.

Elle fut ensuite incorporée au 9ᵉ régiment de dragons, à la date du 1ᵉʳ ventôse
an VII.

Dans des circonstances difficiles, et avec
une énergie véritablement au-dessus de
son sexe, elle secourut un carabinier du
17ᵉ léger, laissé pour mort le 8 brumaire
an VIII.

Ce malheureux avait l'une des cuisses
coupées.

Thérèse Figueur (comme je viens de le
dire), avec un indomptable courage, s'ap-
procha à cheval du blessé, elle le chargea
sur sa monture et le transporta à l'hôpital

de Busca. -- Un parti de nos adversaires
(des hussards) eût l'insigne et vile lâcheté
de récompenser cet admirable acte d'humanité (devant lequel tout ennemi, fût-il
le plus irréconciliable, aurait dû s'incliner
avec respect) en s'emparant du cheval de
notre héroïne et en la faisant elle-même
prisonnière. Heureusement que la guerre,
que l'affreuse guerre ne nous a pas toujours donné de pareils exemples de man-
quement aux lois les plus élémentaires de
l'humanité, et qu'à côté d'actes aussi
atroces, chacun de nous a pu connaître
d'autres traits de charité, pour ne pas dire
de magnanimité, de ces traits qui font
honorer, au plus fort de la bataille, l'ennemi même le plus acharné!!!

Enfin, Thérèse Figueur parvint cependant à s'échapper et rejoignit son corps
d'armée.

Elle prit part à une bataille, le 11 brumaire (an VIII), bataille dans laquelle elle eut son cheval tué.

Le surlendemain, 13 brumaire, elle combattit intrépidement à Savigliano. Là, elle eut le nouveau cheval qu'on venait de lui donner (l'avant-veille) tué par un boulet qui, du même coup, bossela le fourreau de son sabre; elle réussit néanmoins à vider les étriers, et fit face, ô femme sublime! en se faisant un rempart du cadavre de son vaillant coursier, aux nombreux hussards ennemis qui l'entouraient de toutes parts!!!

Fait véritablement inouï, elle ne périt pas dans cette lutte plus que surhumaine!

Elle fut blessée de quatre coups de sabre, et, en définitive, faite prisonnière.

Nos ennemis l'emmenèrent à l'ambulance et lui rendirent 20 jours après la liberté.

Comme ses jours étaient en danger, le colonel du 9ᵉ régiment de dragons la fit conduire le 1ᵉʳ pluviôse an VIII (19 janvier 1800), à Lons-le-Saulnier, où se trouvait alors le dépôt d'un escadron créé tout récemment pour le 15ᵉ dragons.

On lui octroya un congé absolu et une pension annuelle de 200 francs.

Elle se retira d'abord à Montélimar qu'elle quitta ensuite pour Châlons-sur-Saône.

Vous allez croire, sans doute, chères lectrices, qu'après une existence si bien remplie, là s'arrête l'invraisemblable histoire de cette héroïque femme ?

Détrompez-vous, elle va vous réserver d'autres surprises.

Dès que ses blessures auront été cica-

trisées, elle partira pour se réengager au
9ᵉ dragons à Paris. — C'est à peine
croyable !!!

Bonaparte, alors qu'il était premier
Consul, voulut l'attacher à sa cour à
Saint-Cloud ; mais il fallait la vie active à
cette extraordinaire nature, et elle préféra
quitter la cour.

Elle rejoignit bientôt son régiment qui
était alors en garnison à Compiègne et
qui allait partir pour l'Allemagne.

Elle assista à la capitulation d'Ulm (1805)
et fut aussi à la bataille d'Austerlitz (2 décembre 1805)!

Enfin, elle prit part à l'investissement de
Vienne.

Que de choses dans la vie de cette
femme !

Que de voyages, que de déplacements à

travers le monde à une époque où les communications étaient si difficiles !

Positivement, on croit rêver ! Est-il vraiment possible que ce soit un être appartenant à cette partie de l'humanité que l'on est convenu d'appeler le sexe faible, qui ait accompli tout cela ?

Et pourtant, oui, tout cela est bien vrai.

L'histoire est là qui nous l'apprend avec son impartialité.

C'est ainsi qu'elle nous montre encore Thérèse Figueur faisant aussi la campagne de Prusse (1806) !

Elle se battit à Iéna.

Malheureusement, sur la route de Berlin, son cheval étant venu à tomber dans un fossé, elle s'était trouvée engagée sous lui, il l'avait piétinée et on la retira de cette pénible position dans un état lamentable.

Elle revint ensuite à Paris où elle mit

plus de 18 mois à se rétablir de ses blessures.

Cette fois, vous pensez, chères lectrices,
que Thérèse Figueur va enfin goûter jusqu'à la fin de ses jours un repos chèrement
gagné.

Mon devoir de chroniqueur m'oblige
encore ici à tromper votre attente.

Thérèse Figueur, en effet, reprit de nouveau du service en 1809.

Cette fois, elle retourna à l'armée d'Espagne qu'elle rejoignit à Burgos.

Elle prit part à tous les combats qui
furent livrés aux environs de cette ville.

En juillet 1812, elle fut faite prisonnière
en dehors des portes de cette même ville
par la guérilla de Mérino qui la remit aux
Anglais.

Ceux-ci l'emmenèrent à Lisbonne et l'in-
ternèrent dans un fort.

Dans ce fort, elle fut brutalement frappée par une sentinelle à coups de crosse de fusil dans les reins et à la tête sans le moindre avertissement, et tout cela pour avoir dépassé de quelques mètres l'enceinte qui lui avait été assignée.

Lorsque ses nouvelles blessures furent guéries, on la transféra en Angleterre, à Bolderwood, près de Southampton, où elle resta jusqu'après l'abdication de Napoléon (1814); elle avait alors 40 ans.

Cette première moitié de sa vie si mouvementée, si accidentée, confond positivement l'imagination! Tous ces voyages, toutes ses blessures n'empêchèrent pas cette femme énergique de vivre jusqu'à l'âge de 85 ans.

Elle mourut le 4 janvier 1861, à l'hospice des Petits-Ménages à Issy.

Je salue en passant sa mémoire avec le plus profond respect !

Gloire à ANNE QUATRE-SOUS, qui, fait véritablement invraisemblable, s'engagea (en 1791) dans l'artillerie à Fontainebleau à l'âge de 13 ans !

Elle servit aux armées de la Vendée et du Nord.

Elle fit ensuite la campagne de Belgique et prit part aux sièges des villes de Liège, d'Aix-la-Chapelle, de Namur, de Maestricht, de Dunkerque et de Valenciennes.

A la bataille d'Hondschoote (8 septembre 1793), elle vit la mort de près ; elle fut, en effet, renversée de sa monture par le violent déplacement d'air qu'occasionna le passage d'un boulet à ses côtés, ce qui ne l'empêcha pas de remonter aussitôt après en selle. Jusqu'au moment où le combat cessa, elle eût deux chevaux tués sous elle.

La Convention gratifia cette autre héroïne d'une pension annuelle de 300 livres qui, certes, était bien méritée.

Honneur à la vivandière JOSÉPHINE TRINQUART, née en 1791, morte en 1872 à Montreuil, près Paris.

Elle fit la campagne de Russie avec le 63e régiment de ligne.

Apercevant (dans une escarmouche) un chef de bataillon qui était très dangereusement blessé, elle s'élança à son secours avec trois soldats, qui tombèrent tous trois mortellement blessés en route, de sorte qu'elle parvint seule jusqu'à l'officier.

Elle voulut charger cet officier sur ses épaules, mais la tâche était au-dessus de ses forces; elle ne put y arriver!

Alors, elle s'attaqua à deux cavaliers russes. D'un coup de pistolet tiré à bout portant, elle brûla la cervelle au premier. Puis, apercevant une baïonnette de fusil qui gisait sur le sol, elle s'en empara et en frappa à la jambe l'autre cavalier qui tomba.

Elle maîtrisa le cheval de ce dernier, et, après bien des efforts, elle put enfin étendre son chef sur l'animal.

Elle le conduisit ainsi jusqu'à une ambulance, et, dès lors, il était sauvé grâce à la vaillance et au dévouement de cette noble femme !

Aussi, la croix de la Légion d'honneur fût-elle la récompense de tant de courage !!!

Cette héroïne mourut à 80 ans.

Gloire à Françoise Rouelle, qui servit

depuis le 16 août 1792 jusqu'au 22 ventôse comme volontaire au 2e bataillon du Haut-Rhin.

Elle assista aux combats de Spire, Mayence, Stremberg, Rhiensabern, Wieller-près-Landau et de La Chapelle-Sainte-Anne.

Honneur à la Valenciennoise MARIE-BARBE PARENT, qui — en 1792 — (ayant déguisé son sexe), s'enrôla dans le 9* bataillon des fédérés du Nord et fit avec lui toute la campagne de Belgique.

Après l'infâme trahison de Dumouriez et la prise de Valenciennes par les Autrichiens, Marie-Barbe Parent alla contracter à Paris un engagement dans le 1er bataillon du 75e régiment d'infanterie, avec lequel on forma (dans la suite), la 139e demi-

brigade qui appartint à l'armée de Rhin-
et-Moselle.

Elle y resta 18 mois,

La Convention la manda à sa barre voulant la voir revêtue de l'uniforme.

Le président de cette Assemblée (qui
était alors Roger Ducos) embrassa — aux
applaudissements de l'assistance — cette
courageuse femme.

Gloire :

Aux deux sœurs FÉLICITÉ et THÉOPHILE
DE FERNIG (nées dans le village de Mor-
tagne), qui combattirent à Valmy (le
20 septembre 1792) et prirent également
part à la bataille de Jemmapes sous les
ordres du général Dumouriez. — (A ce
dernier combat, Théophile de Fernig —
qui n'avait alors que 16 ans — blessa de
deux coups de pistolet deux grenadiers

hongrois et fit elle-même prisonnier leur chef de bataillon qu'elle amena au général Ferrand),

A LOUISE AUDU et à JEANNE LACOMBE, ayant fait aussi partie (en 1792) de l'armée du Nord qui, sous le commandement de Dumouriez, conquit toute la Belgique.

Honneur à Madame DULIÈRE, qui se battit aussi à Jemmapes comme artilleur. — Elle y fut blessée à la jambe et, pour ce fait, portée sous-lieutenant par Dumouriez.

Gloire à ROSE BOUILLON, qui, elle aussi, cacha son sexe et se fit inscrire (en mars 1793) comme volontaire au 6ᵉ bataillon de la Haute-Saône pour suivre son mari. — Elle prit part (le 13 août 1793) à l'affaire de Limbach où son mari tomba à côté d'elle frappé de trois balles.

Malgré ce malheur, elle eût le courage de combattre jusqu'à la fin de la journée.

Aussi la Convention l'en récompensa-t-elle !

Honneur à :

La courageuse Ducoud-Laborde,

Et à la générale Diannouy La Caze, qui aida son mari à organiser une expédition militaire à l'île de Madagascar.

Honneur à Rose-Alexandrine (dite Liberté) Barreau — née à Semalens (district de Cahors, — qui s'enrôla avec son frère et avec son mari Leyrac, le 6 juillet 1793, à l'armée des Pyrénées occidentales dans la compagnie des grenadiers du 63ᵉ régiment de ligne, où elle servit jusqu'au mois de messidor an XII.

Lé 13 juillet 1793, aux Pyrénées, à l'assaut

9

du retranchement crénelé de l'Eglise de Biriatou (Espagne), désespérément défendu par l'ennemi, elle continua (sous les ordres de La Tour-d'Auvergne) à se battre quoique son frère ait été tué et son mari blessé d'un coup de feu à ses côtés.

Elle entra troisième dans le retranchement. Elle abattit à ses pieds, d'un coup de crosse de fusil, un espagnol et s'empara de sa giberne pour renouveler sa provision de cartouches qui était épuisée.

La redoute une fois emportée, Rose Barreau revint bander la blessure de son mari.

Chose incroyable, elle eût assez de force et d'énergie pour le charger sur ses épaules et le transporter ainsi à l'hôpital.

Aussi Napoléon Ier lui fit-il servir une pension et la fit-il entrer à la succursale des Invalides, à Avignon.

Elle fut inhumée avec les honneurs militaires (le 27 janvier 1843 ; — elle avait 71 ans).

Gloire à THÉRÈSE JOURDAN, qui fit toutes les campagnes d'Italie avec Bonaparte, alors qu'il n'était que général. — Elle fit aussi partie de l'expédition d'Egypte et assista à la bataille des Pyramides (21 juillet 1798).

Elle prit également part à la bataille d'Austerlitz.

Elle suivit encore nos armées en Espagne, en Portugal, en Allemagne et en Russie.

Elle fut enfin à Waterloo (18 juin 1815)!

Malgré tant de fatigues, elle vécut jusqu'à 94 ans.

Elle mourut à Issoudun (Indre).

Honneur à Virginie Ghesquière (née à Delemont près de Lille), la première femme de France qui ait pu porter sur sa poitrine la croix de la Légion d'honneur!

Dissimulant son sexe, elle s'engagea (en 1806) au 22ᵉ de ligne à la place de son frère qui était trop faible de constitution pour servir.

Ayant sauvé la vie à son capitaine qui était près de se noyer dans le Danube, elle reçut les galons de sergent sur le champ de bataille même de Wagram.

Placée plus tard (2 mai 1808) sous le commandement du général Junot, duc d'Abrantès, en Portugal (près de Lisbonne), elle montra une énergie plus que surhumaine!

Son colonel — dans un engagement — se trouva, à un moment donné, entouré d'Anglais et fut très grièvement blessé.

Quoiqu'ayant été frappée elle-même d'une balle au bras gauche, elle se précipita, avec six de ses camarades, au secours du blessé.

Malheureusement, ses compagnons d'armes furent également à leur tour tous blessés en chemin, de sorte que l'intrépide Virginie Ghesquière ne put qu'arriver seule auprès de son colonel.

Fait véritablement inouï, cette admirable femme, toute blessée qu'elle était, n'hésita pas à essayer de le charger sur ses épaules. Mais, hélas! ses forces la trahirent; elle ne put y réussir!

Ce fut alors que l'obstacle décupla en quelque sorte sa vaillance.

Apercevant deux officiers anglais, elle blessa l'un d'eux d'un coup de feu à l'épaule, et, à l'arme blanche (quoique ayant été une nouvelle fois blessée), elle mit l'autre hors de combat!

O sublime antithèse! les tenant — dès lors — tous deux, faible femme, à sa merci, elle les contraignit à l'aider à placer son colonel sur un cheval!!!

Chose absolument invraisemblable, l'opération une fois terminée, elle attacha à la queue du cheval les deux officiers qui, dès lors, étaient ses prisonniers, et rejoignit son régiment en cet équipage. Elle put enfin faire panser ses blessures et ce fut alors seulement qu'on découvrit que le sergent Ghesquière était une femme!

Son colonel lui dut la vie; il parvint, en effet, à se guérir et eut le rare bonheur de pouvoir s'acquitter de la dette de reconnaissance qu'il avait contractée envers notre héroïne, en la décorant de ses pro-

pres mains de la Légion d'honneur (octobre 1811)!!!

Gloire à Augustina Sarziella, jeune
fille espagnole, qui, lors du premier siège
de la ville de Saragosse par le maréchal
Lannes et au premier assaut qui fut donné
(le 13 juillet 1808), s'étant aperçu que le
courage des artilleurs chancelait, s'élança
au milieu des morts et des blessés. — Elle
enleva des mains d'un servant une mèche
qui brûlait encore et mit le feu à un canon
de 24.

Les Espagnols, en présence d'un pareil
acte de courage, continuèrent la lutte avec
plus d'acharnement que jamais.

Au second siège (le 27 janvier 1809), Augustina Sarziella fut mise à la tête d'une
compagnie de femmes.

A ces mêmes sièges, la comtesse espagnole BURIDA avait formé une compagnie
de femmes qui, au péril de leur vie, appor-
taient aux défenseurs de la cité leur nour-
riture, même jusque dans les endroits les
plus exposés, et donnaient des soins à
ceux d'entre eux qui étaient blessés.

Elle-même se multipliait partout avec
prodigalité sous la grêle des balles.

Il me faut citer encore parmi les Espagnoles:

MARIE TRONCOSO DE LINA MIRAVALLE,
qui prit part héroïquement — en 1810 —
à la défense de la ville de Ciudad-Rodrigo
(province de Vieille-Castille), (que le maréchal Ney assiégea), et qui même fut faite
prisonnière.

Honneur à l'Alsacienne ÉLISABETH

HATZLER, qui fit dans les dragons la campagne de Russie avec Napoléon Ier et fut faite prisonnière. Elle vécut jusqu'à 91 ans et mourut en Amérique à Philadelphie.

Gloire à la générale comtesse VERDIER qui ne voulut pas quitter son mari lors de l'expédition de Bonaparte en Égypte. — A la bataille des Pyramides, elle était dans un carré de soldats et tirait sur les Mamelucks.

Honneur à :

La générale BARTHE, qui accompagna son époux dans toutes ses campagnes,

A la générale CARTEAUX.

Honneur à la générale JUNOT, duchesse d'Abrantès ; à la générale SUCHET, duchesse d'Albufera, et à la générale HUGO (cette dernière en 1811), qui accompagnèrent intrépidement leurs maris sur les champs de bataille d'Espagne.

Honneur à:

La générale LASALLE, qui assista courageusement, sous une grêle de balles, au combat de Rio-Secco (Espagne), aux côtés de son mari!

Aux maréchales SOULT et OUDINOT,

Aux générales XAINTRAILLES, AUGEREAU et LUCOTTE,

Et à la cantinière MARIE FETTER, qui prit part aux batailles d'Austerlitz, de Wagram (5-6 juillet 1809), de Dresde (26-27 août 1813) et de Leipzig (16-18 octobre 1813).

Gloire à Madame PONCET (surnommée BRETON-DOUBLE) qui servit pendant dix-sept ans dans le 6° hussards et se fit remarquer par son indomptable bravoure à Eylau (7 et 8 février 1807), où elle tua d'un coup de sabre un capitaine russe, après quoi elle s'empara de l'écharpe de cet officier.

C'est elle qui, certainement, après Jeanne d'Arc, a donné au monde l'exemple le plus extraordinaire de ce que peut une faible femme!

C'est à Friedland (14 juin 1807) que l'occasion lui fut offerte de se signaler par la plus incroyable action d'état qui se puisse imaginer!

Au cours de la bataille, elle fut d'abord frappée d'une balle (à la cuisse droite).

Malgré cette première blessure, elle n'en continua pas moins à se battre, et — domptant la douleur qu'elle ressentait — parvint à tuer encore de sa main plusieurs Prussiens!!!

Mais, fatalité! elle venait à peine d'abattre le dernier qu'elle reçut une seconde balle. cette fois encore du côté droit (sous l'aisselle).

Vous allez croire, chères lectrices, qu'alors la malheureuse femme dut enfin se retirer de la lutte?

Fait réellement unique dans les annales de l'histoire, il n'en fut rien!!!

Quoique blessée deux fois, elle eût la stupéfiante énergie de rester en selle!

Elle banda sa seconde blessure avec sa cravate d'ordonnance et se précipita, de nouveau, dans la mêlée, son sabre dans la main gauche!!! Chose absolument invraisemblable, elle fit prisonniers six ennemis qu'elle conduisit ensuite à Napoléon.

Ses blessures une fois guéries, la Providence lui réservait encore d'autres épreuves. Notre heroïne assista, en effet, aussi — comme Thérèse Jourdan — à la bataille de Waterloo où elle devait être blessé une nouvelle fois, et atrocement! Le Dieu des batailles ne lui était décidément pas propice!

Un boulet lui fracassa la jambe gauche!!

On dut l'amputer sur le champ de bataille même, la malheureuse!

Quel sublime exemple n'a-t-elle pas donné par ces étonnants faits d'armes aux générations de femmes futures!!!

Ne croirait-on pas vraiment en lisant l'histoire de cette femme d'une énergie plus que surhumaine, que l'on assiste à quelque merveilleuse épopée des temps héroïques!!!

Elle eût de Charles X une pension de

250 francs que, certes, elle avait bien gagnée, l'admirable femme !

Malgré ses horribles blessures, elle trouva moyen de vivre jusqu'en 1834.

Gloire aux cantinières :

Madame veuve PERROT, qui fit presque toutes les campagnes d'Afrique, fut blessée (en 1830) et décorée de la Légion d'honneur sur le champ de bataille même. — Elle mourut à Nantes le 11 avril 1863.

JEANNE BONNEMÈRE, du 21ᵉ de ligne, qui prit part aux expéditions de Crimée (en 1854) et de Rome. — Elle assista, de plus (en 1870), aux combats de Borny (14 août 1870), Gravelotte (16 août 1870), Orléans et Arthenay. — Au lendemain de ces dernières batailles, une importante dépêche militaire lui fut confiée ; faite prisonnière par les Prussiens sous les murs de Paris, elle n'hésita pas à avaler cette dépêche dont dépendait le salut de tout un corps d'armée.

Honneur à la sœur GRÉGOIRE, qui fut blessée en Crimée (1854-1855) si grièvement qu'on dut l'amputer du bras gauche, et qui n'en a pas moins suivi, plus tard, nos armées en Chine et en Italie (1859).

Gloire à la cantinière ANNETTE DREVON (née en 1826 à Clermont-Ferrand), qui appartint d'abord au 2ᵉ zouaves et, plus tard, au 32ᵉ régiment de ligne.

Elle prit part à la bataille de Magenta (4 juin 1859) et s'y distingua par un acte merveilleux d'héroïsme.

Deux soldats autrichiens s'étant emparés du drapeau du 2ᵉ zouaves, elle en tua un et blessa l'autre. Elle reprit alors l'éten-

dard et le rapporta à son régiment sous une
grêle de balles. En récompense de ce brillant
fait d'armes, elle reçut la croix des braves.

Lorsque la guerre de 1870 éclata, Annette
Drevon était vivandière du 32ᵉ de ligne,
avec lequel elle fit, d'ailleurs, toute la campagne. Les hasards de la guerre voulurent
que son régiment vint à être cantonné à
Thionville.

Dans cette place, notre cantinière faillit
être fusillée par les Prussiens, et voici
pour quels motifs : un matin, elle rencontra
un soldat bavarois que la croix d'honneur
de l'héroïne fit rire d'une grossière façon ;
il se moqua d'elle, l'injuria et alla même
jusqu'à la menacer du plat de son fourreau de baïonnette. Annette Drevon riposta
en étendant raide mort à ses pieds, d'un
coup de feu, son insulteur.

Un pareil coup d'audace lui valut naturellement d'être aussitôt arrêtée par les Allemands, emprisonnée, traduite devant un conseil de guerre et condamnée à être passée par les armes.

Heureusement, le prince Frédéric-Charles lui fit grâce.

Honneur aux cantinières :

Madame JOUDIOUX — née en 1839 à Pont-de-Beauvoisin (département de l'Isère) — du 74e de ligne, qui sauva la vie à deux officiers sur le champ de bataille de Solférino et assista aux combats de Borny, de Gravelotte et de Saint-Privat (18 août 1870),

MARIE-BARBE ROSSINI — des zouaves de la garde — qui fut blessée aux combats de Palestro (30 et 31 mai 1859),

PERRINE CROS (née LOHARD) — du bataillon de chasseurs à pied de la garde — qui fut blessée à Magenta (le 4 juin 1859) et à Solférino (le 24 juin 1859),

MADELEINE TRIMOREAU — du 2ᵉ zouaves — qui a été décorée de la médaille militaire (le 17 juin 1859) sur le champ de bataille même de Magenta.

La Lyonnaise MARGUERITE CALVET (née GITII) — du 1ᵉʳ zouaves — qui se signala par sa belle conduite à Solférino,

THÉRÈSE MALHER (née LÉVY) — du 34ᵉ de ligne — qui fut blessée au combat du cimetière de Melegnano (Italie), en 1859, en secourant des soldats laissés pour morts,

Madame BOURGET (du 1ᵉʳ tirailleurs algériens) qui reçut trois blessures en Afrique,

Madame BORDIN — du 2ᵉ bataillon des mobiles de la Nièvre pendant la guerre de 1870 — qui a été blessée dans cette guerre,

Madame BREUCQ — des éclaireurs à cheval de la Seine — qui combattit dans la même guerre,

Madame GALLI qui a assisté, elle aussi, à la même époque (n'ayant alors que 20 ans) aux principaux combats qui ont été livrés sous Paris, et notamment à celui de Buzenval (19 juin 1871). — Elle appartenait au 11e bataillon de marche,

Madame CASSETTE qui fit également cette affreuse campagne,

Madame PETITJEAN (du 127e bataillon de la garde nationale pendant la même campagne) qui se fit remarquer au combat du plateau d'Avron,

Madame PHILIPPE (du 72e bataillon de la même garde nationale) qui prit part aux combats de Champigny (30 novembre et 2 décembre 1870) et de Montretout.

EUGÉNIE RENOM (du 216ᵉ bataillon de la même arme) qui assista également au combat de Buzenval,

La Lorraine MARIE VIALARD (née CHOLÉ) — du 131ᵉ de ligne — qui prit part, pendant la même campagne, aux combats de Villejuif et des Hautes-Bruyères,

Madame JULIENNE-MARIE JARRETHOUT — née le 30 juin 1817, à Ploërmel (département du Morbihan) — qui, dans cette même guerre franco-allemande, s'engagea dans les francs-tireurs de Châteaudun, et se distingua d'abord à l'affaire d'Ablis, où 120 de ces braves parvinrent à faire prisonniers deux escadrons prussiens. — Elle eut le courage d'entretenir de munitions nos défenseurs sous le feu ennemi à Châteaudun. (Elle assista, de plus, aux combats du Mans et à la défense d'Alençon.

Elle fut enfin faite prisonnière à Saint-Péravy, mais réussit, néanmoins, à s'échapper. Cette belle conduite lui valut la croix de la Légion d'honneur!),

Madame MALET,

Madame DROUAN,

CATHERINE LAURIN (veuve DUTAILLEY) — du 3ᵉ zouaves — qui, à Frœschwiller, s'empara du fusil d'un blessé et tira sur les Prussiens (qui avaient anéanti son régiment). — Elle fut faite prisonnière, mais parvint, néanmoins, à s'évader. Revenue à Strasbourg qui, peu après, fut assiégé, elle fut une deuxième fois emmenée en captivité en Prusse.

Honneur enfin à Madame LOUISE DE BEAULIEU, institutrice, qui s'engagea, elle

aussi — comme cantinière — en 1870 et fut
blessée à Champigny.

Gloire à la courageuse télégraphiste
Mademoiselle JULIETTE DODU, dont l'héroïque conduite, pendant l'année terrible,
doit être signalée à l'attention de tous.

Elle naquit de parents créoles à l'île de
la Réunion. — Son père était chirurgien
de la Marine.

Dans la dernière quinzaine de novembre
1870, sa mère dirigeait le bureau du
télégraphe de Pithiviers (département du
Loiret). Mademoiselle Dodu secondait sa
mère dans cette tâche délicate.

Ce fut à cette époque que l'invasion
prussienne — faisant la tache d'huile malgré notre résistance désespérée — s'étendit
jusqu'à la Loire. L'état-major allemand
établit son quartier général à Orléans,

pendant que le prince Frédéric-Charles entrait dans Pithiviers.

A peine arrivés dans cette ville, nos ennemis s'emparèrent du télégraphe. Ils chassèrent alors notre héroïne de la salle où se trouvaient les appareils télégraphiques et lui intimèrent l'ordre de rester dans sa chambre qui se trouvait au dernier étage de la maison, chambre dans laquelle passaient précisément les fils conducteurs.

Mademoiselle Dodu trouva moyen d'emporter avec elle les appareils de transmission des télégrammes, et, n'écoutant que son patriotisme, elle disposa (au moyen de fils qu'elle ajouta au fil principal) ces appareils d'une façon telle que pas une seule des dépêches que les Prussiens envoyèrent ou reçurent ne fut expédiée sans qu'elle en connut la teneur.

C'était là, certes, un acte à se faire
fusiller si jamais nos ennemis s'en étaient
aperçus.

Malheureusement, comme je le dirai
tout à l'heure, un être ignoble avertit ces
derniers de ce fait.

Ce fut alors que l'un de nos corps d'armée se dirigea sur Gien.

L'état-major prussien d'Orléans connais-
sait la mise en mouvement de ce corps de
troupes.

Aussi, un matin avertit-il par dépêche
télégraphique Frédéric-Charles de prendre
ses mesures pour écraser nos soldats.

Dès que Mademoiselle Dodu eut connaissance de ce télégramme, elle s'em-
pressa d'en informer le sous-préfet de
Pithiviers.

Celui-ci expédia immédiatement (par ex-
près) cette dépêche au général qui com-

mandait notre corps d'armée. Mais, fatalité!
les Prussiens surprirent et blessèrent à
mort le porteur. Un deuxième ne fut pas
plus heureux. Enfin, un troisième put
accomplir sa mission et le corps d'armée
fut sauvé !!!

Comme je le disais à l'instant : une infâme mégère, une bonne, soudoyée par
les Prussiens avec quelques pièces d'or,
eut la lâcheté de dénoncer l'héroïque jeune
fille qui avait accompli sans la moindre
hésitation (et au péril de ses jours) cet
admirable acte d'intelligence et de courage !!!

Mademoiselle·Dodu, une fois découverte,
c'était inévitablement la mort sans phrases
pour elle, c'était l'exécution par les armes.

Heureusement Frédéric-Charles lui fit
grâce.

Elle fut décorée de la Légion d'honneur
le 30 juillet 1878. Certes, ce fut justice.

Gloire à cette autre courageuse télégraphiste Mademoiselle MARIE-ANTOINETTE-
LÉONTINE WEICK, originaire de Schlestadt
(Alsace), qui, pendant la guerre franco-
allemande, a eu la direction des bureaux
de sa ville natale et de Strasbourg. — Dans
cette dernière cité, ce fut par la maison où
elle se trouvait que les Prussiens commen-
cèrent le bombardement.

Elle resta fidèlement à son poste tant
que ses appareils ne furent pas détruits,
tant que les derniers fils télégraphiques
ne furent pas coupés!!

Honneur à Madame MARIE-ÉLISABETH-
CAROLINE DE MOISSAC (en religion sœur
MARIE), supérieure des sœurs de Saint-

Vincent-de-Paul, détachées à l'hôpital militaire du Val-de-Grâce à Paris, — née le
20 décembre 1800 à l'île de Grenade
(Antilles anglaises), morte le 10 février 1891
— qui suivit nos armées pendant la même
guerre, d'abord à Metz, puis, plus tard,
dans les campagnes de la Loire.

Honneur à cette autre religieuse la mère
MARIE-THÉRÈSE RENIOUD, supérieure des
Sœurs Hospitalières de Nuits (Côte-d'Or)
— née en 1810 à Braux, morte en 1888 —
qui se fit remarquer, pendant l'année terrible, aux combats sous Nuits.

Gloire :

A Madame MASSEY, engagée volontaire,
qui fut blessée au feu elle aussi en 1870,

A l'actrice AUGUSTA COLAS (de son vrai
nom Madame AUGUSTA D'HENNEZEL), qui

fut blessée de même, au combat du plateau d'Avron,

A Mademoiselle LAURENTINE PROUST,
surnommée *l'Héroïne de Châteaudun,* qui
— ainsi que la cantinière des francs-tireurs
Marie Jarrethout — approvisionna (sous
les obus allemands) et avec une audace
inouïe, nos soldats aux barricades lors de
la défense de cette vaillante cité !

A Mademoiselle LIX, à laquelle fut confié
le commandement d'une compagnie de
francs-tireurs des Vosges,

A Madame veuve LOUISE IMBERT, *qui
traversa plusieurs fois* — et au péril de sa
vie — *les lignes prussiennes* pour porter
des dépêches dans Metz assiégé !

A la vaillante JULIE-ROSALIE-ISABELLE DE
BEIRE — née le 31 août 1815 à Dunkerque
— la première Française qui foula aux

pieds le sol du Tonkin (dès juin 1869) et dont le généreux concours a été on ne peut plus précieux à nos compatriotes qui sont allés s'établir dans cette contrée lointaine, à tel point que cette noble femme a été surnommée, à Hanoï, *la Mère des Français*. — Elle a rendu d'immenses services à nos armes pendant l'expédition du Tonkin.

Je terminerai cette belle nomenclature d'héroïnes qui, certes, constitue l'une des plus belles pages du livre d'or de nos chères Françaises en rappelant l'admirable conduite de Madame CORALIE CAHEN pendant la guerre franco-allemande.

Ce qu'a fait cette femme couronne bien le courage et la bravoure de nos héroïnes de l'année terrible.

En effet, Madame Cahen (née en 1827 à

Nancy), soigna nos blessés d'abord à
Borny, puis ensuite à Metz. Elle suivit
enfin nos armées jusqu'à Vendôme. Tout
cela est déjà bien ; mais ce qui est absolument invraisemblable, ce qui dépasse l'imagination, c'est que cette admirable femme
alla en Allemagne, après la signature du
traité de Francfort, visiter plus de cinquante forteresses ou campements, et en
rapporta 60,000, vous entendez bien,
chères lectrices, *soixante mille* fiches indi-
viduelles, rigoureusement mises en ordre,
et qui fournirent à notre Ministère de la
Guerre, je dirai même à l'Histoire de notre
pays, des renseignements inappréciables
sur le nombre de nos soldats prisonniers
en Allemagne !

Au cours de ses visites, Madame Cahen
prodiguait des soins à ceux de nos soldats

qui étaient malades, et des consolations à ceux d'entre eux qui étaient valides.

On peut dire hardiment que sans cette femme de bien, il y a plus d'un de ces soixante mille hommes qui n'aurait jamais revu son pays natal, et plus d'une famille qui n'aurait jamais su où était mort l'un de ses membres pas suite de privations et de mauvais traitements pendant les longs mois de captivité de nos frères en Allemagne.

J'avais donc raison de dire à l'instant que le récit de la belle conduite de Madame Cahen couronne bien cette merveilleuse liste d'héroïnes.

Enfin, je suis persuadé que si une guerre survenait, les femmes nous montreraient encore de pareils exemples, imiteraient Mademoiselle JULIETTE DODU, Mademoi-

selle LÉONTINE WEICK, Madame LOUISE DE
BEAULIEU et Madame LOUISE IMBERT !!!

M'est-il besoin de rappeler le rôle sublime qu'elles remplissent lorsqu'il s'agit
de secourir ceux qui souffrent ?

Me faut-il retracer ce qu'ont fait nos
religieuses pendant l'année terrible, ce
qu'elles font tous les jours avec une entière
abnégation, veillant au chevet des mou-
rants, les consolant, les fortifiant contre
l'épouvantable épreuve à leur heure dernière et soignant les malades, oh ! mais les
soignant avec un tact, avec une douceur
de caractère inouïs ?

On a dit bien souvent que, si les femmes
n'existaient pas, il se commettrait beaucoup
moins de crimes. — Je prétends, moi, le
contraire, quoique je craigne d'être taxé

d'exagération, et je le prouve en citant à l'appui de ce que j'avance ces exemples trouvés dans la vie (exemples qui nous ont déjà été fournis plus d'une fois), de deux gardiens de phare isolés en mer, perdus dans l'immensité des flots, loin de tout secours humain, à tel point que l'on est obligé de leur apporter en bateau leurs vivres pour plusieurs jours quand le temps est mauvais, et qui sont condamnés à res· ter de longs mois seuls. — Eh bien! on a vu de ces hommes entrés bons amis le premier jour dans un phare, et ils ont fini par s'entre-tuer au bout de deux ans d'une vie pareille. L'existence dans de telles conditions est donc intenable et fait donc un ennemi du meilleur ami; le caractère devient sombre, taciturne, s'aigrit et l'on s'assassine!!! Eh bien! je le demande,

l'existence nous serait-elle supportable
sans la femme?

Sans vouloir que l'on revienne au temps
des « Femmes savantes » de Molière, que
notre immortel comédien a si bien flagellées
par les vers qu'il met dans la bouche de
Chrysale parlant à Bélise:

. . . .

Le moindre solécisme en parlant vous irrite;
Mais vous en faites, vous, d'étranges en conduite.
Vos livres éternels ne me contentent pas;
Et, hors un gros Plutarque à mettre mes rabats,
Vous devriez brûler tout ce meuble inutile,
Et laisser la science aux docteurs de la ville;
M'ôter, pour faire bien, du grenier de céans,
Cette longue lunette à faire peur aux gens,
Et cent brimborions dont l'aspect importune;
Ne point aller chercher ce qu'on fait dans la lune,
Et vous mêler un peu de ce qu'on fait chez vous,
Où nous voyons aller tout sens dessus dessous,

Il n'est pas bien honnête et pour beaucoup de causes,
Qu'une femme étudie et sache tant de choses.
Former aux bonnes mœurs l'esprit de ses enfants,
Faire aller son ménage, avoir l'œil sur ses gens,
Et régler la dépense avec économie,
Doit être son étude et sa philosophie.
Nos pères, sur ce point, étaient gens bien sensés,
Qui disaient qu'une femme en sait toujours assez,
Quand la capacité de son esprit se hausse
A connaître un pourpoint d'avec un haut-de-chausse,
Les leurs ne lisaient point, mais elles vivaient bien;
Leurs ménages étaient tout leur docte entretien;
Et leurs livres, un dé, du fil et des aiguilles,
Dont elles travaillaient au trousseau de leurs filles.
Les femmes d'à présent sont bien loin de ces mœurs;
Elles veulent écrire et devenir auteurs.
Nulle science n'est pour elles trop profonde,
Et céans, beaucoup plus qu'en aucun lieu du monde :
Les secrets les plus hauts s'y laissent concevoir,
Et l'on sait tout chez moi, hors ce qu'il faut savoir.
On y sait comment vont lune, étoile polaire,
Vénus, Saturne et Mars, dont je n'ai point affaire.
Et, dans ce vain savoir, qu'on va chercher si loin,
On ne sait comme va mon pot, dont j'ai besoin.
Mes gens à la science aspirent pour vous plaire,

Et ous ne font rien moins que ce qu'ils ont à faire.
Raisonner est l'emploi de toute ma maison,
Et le raisonnement en bannit la raison.
L'un me brûle mon rôt en lisant quelque histoire;
L'autre rêve à des vers quand je demande à boire :
Enfin, je vois par eux votre exemple suivi,
Et j'ai des serviteurs, et ne suis point servi.

. . . .

j'avoue que je souhaite assez vivement de
voir traiter les femmes un peu plus sur le
pied d'égalité qu'on ne le fait et leur laisser dans la Société une place plus grande,
une plus large part que celle qu'elles ont
eue jusqu'ici.

Sans approuver ces énergumènes qui
n'ont de la femme que le vêtement et ne
font que se singulariser par la violence
dans leurs discussions, je crois que le sexe
faible qui — comme je viens de le montrer
— a touché à tout en art : littérature, pein-

ture, sculpture, musique, remplirait tout aussi bien que nous certaines places.

Je ne vois pas pourquoi il ne jouirait pas aussi bien que nous de plus d'un des droits que nous nous sommes attribués avec un soin jaloux.

Les femmes nous ont, en effet, prouvé qu'en travaillant elles étaient tout aussi capables que nous de devenir *Docteurs en médecine,* témoin :

Avant toutes : l'Américaine Miss ÉLISA-BETH BLACKWELL, qui obtint (l'année 1849) — aux États-Unis — le diplôme de docteur, la première dans le monde entier.

Viennent après :

D'abord Madame GUÉNOT, la première femme de France qui ait été reçue docto-resse.

Ensuite :

Mademoiselle MARIE VERNEUIL,

Madame MADELEINE BRÈS,

Madame RIBART,

Mademoiselle ANNA DAHM,

Madame SARRENTE,

Mademoiselle PIERRE,

Les Russes :

Mademoiselle DOBROWSKINE, élève de la Faculté de Médecine de Paris, née le 26 décembre 1866 à Rogatcheff, près Kiew, qui a pris pour sujet de thèse : « *De l'irrigation continue comme traitement prophylactique et curatif de la septicémie puerpérale* »,

Mademoiselle BOLOGOWSKI, qui a sou-

tenu — devant la même Faculté — la
thèse : « *Le choléra asiatique de 1892-1893
en Russie et les mesures administratives
prises par le gouvernement contre cette
épidémie* » et a obtenu la note *bien,*

Mademoiselle GORVITZ (fille d'un médecin
des environs de Moscou), qui a passé sa
thèse devant Messieurs les docteurs Dieu-
lafoy, Grancher, Marfan et Ménétrier — de
la même Faculté — thèse ayant pour sujet:
« *Contribution aux formes cliniques anor-
males d'endocardite infectieuse chez les
enfants* «. — A l'âge de 16 ans, elle savait
déjà combattre efficacement la fièvre puerpérale, cette terrible maladie qui fait tant
de ravages parmi nos femmes !

Mademoiselle PRASCOVIE SÉMÉONOWNA
BIELOOUSSOFF — née à Georgewitch — qui
a soutenu sa thèse (à la même Faculté)

devant un jury composé des docteurs: Potain, président; Truffier, Terrier et Gaucher, examinateurs, thèse sur: « *Le diabète sucré chez les enfants* ». — Elle a obtenu, elle aussi, la note *bien*, et a, de plus, été admise comme externe des hôpitaux de Paris,

Mademoiselle DJOWRITCHA-SNOUBITZA, qui a été reçue docteur le 7 décembre 1893 (à la même Faculté) par un jury composé des docteurs Laboulbène, Joffroy, Netter et Marfan. — Elle avait pris pour sujet de thèse : « *De l'indicanurie chez les enfants* »,

Mademoiselle OLGA TOURKOUL,

Madame BOGDANOVITCH,

Mesdames MARIE ERNROTH, ZINAÏDE ELTZINA, ALEXANDRA ROUMIANTZEVA, RAÏSSA

PALOWSKAIA, OLGA PROKOFIEVA, SOPHIE
BACHEVSKAIA et LUDMILA PAVLINOVA, qui
se sont tout particulièrement fait remarquer par leur dévouement et leur abnégation à l'hôpital de Saint-George, à Saint-
Pétersbourg, ce qui leur a valu des
cadeaux de la part de Sa Majesté l'Impératrice de Russie.

La Finlandaise Madame POKITONOFF,

Mademoiselle CAROLINE SCHÜLTZ, devenue depuis Madame JACQUES BERTILLON,

élèves de la Faculté de Médecine de Paris.

Mademoiselle ANDROLINE DOMERGUE,
élève de la Faculté de Montpellier,

Mademoiselle MESNARD, de Bordeaux,

La Roumaine Madame CONTA,

La Chilienne Mademoiselle Ernestine Perez,

Madame Blanche Edwars-Pilliet,

Madame Léon Pillet (femme du statuaire), qui a été reçue doctoresse en juillet 1893 et qui avait pris pour sujet de thèse : « *Des perturbations mentales pendant le cours du goître exophtalmique* ».

Les Anglaises :

Miss Lilias Halmiton,

Miss Barelay, d'Édimbourg, qui a fait ses études à Paris,

Miss A. Siebel,

Miss Yerbury,

ces trois dernières reçues lors de la session extraordinaire — en décembre 1892 — des examens de la Faculté de Médecine de l'Université de Bruxelles.

(Fait véritablement digne de remarque et tout à l'avantage des femmes, à ces examens onze personnes se sont présentées pour subir l'épreuve du doctorat en médecine; sur ces onze personnes il y avait trois jeunes filles et huit garçons; les jeunes filles — que je viens de nommer — ont toutes trois réussi, et sur les huit garçons cinq ont échoué !)

etc., etc.

En Angleterre, on a été jusqu'à confier dès 1876 à une jeune doctoresse, Miss *Mary Edigh Pechey*, un poste de chirurgien dans un hôpital de femmes, puis récemment à une Écossaise, Miss *Alice Mac Laren*, le service de chirurgie de l'hôpital de Leitz.

Une autre femme médecin anglaise a été

également appelée à une fonction sem-
blable dans un autre hôpital; on a donné
aussi pour aide au médecin d'un faubourg
du Sud de Londres une étudiante de
l'École de médecine des femmes.

En 1876, également — en Amérique — une
doctoresse, Miss *Mary Allen,* a été nommée professeur de physiologie et d'hygiène
au collège Wassar (collège de jeunes filles
dans l'État de New-York).

A l'heure actuelle, on compte 2,000 femmes médecins pour les États-Unis seulement. Il en existe de nombreuses (dans le
reste de l'Amérique ainsi qu'en Russie)
dont beaucoup jouissent d'une grande
renommée et ont une forte clientèle.

Au IXᵉ et au Xᵉ siècle, dans l'Empire
Arabe, il y avait des femmes médecins et
des praticiennes célèbres. De même, il y
en a eu vers la même époque en Espagne,

sous la domination des Maures; elles faisaient leurs études à l'Université de Cordoue. Au xiiᵉ siècle, il y en a eu également qui étudiaient la médecine à Bologne et à Palerme.

Comment se fait-il que c'était ainsi au moyen âge et qu'aujourd'hui on refuse pour ainsi dire aux femmes l'accès de nos écoles de médecine?

Mademoiselle MESNARD, de Bordeaux (que je viens de citer ci-dessus) a voulu se présenter en 1886 comme candidate à la clinique d'accouchement, n'est-ce pas surtout l'affaire des femmes? mais le Ministre de l'Instruction publique d'alors s'est opposé à son admission.

Il est certain que beaucoup de femmes hésitent bien souvent par pudeur à donner au docteur les détails qui lui seraient nécessaires sur leurs maladies. Cette répugnance disparaîtrait inévitablement si le docteur était une femme et la malade serait dans la plupart des cas plus vite guérie ou tout au moins mieux soignée.

Les femmes ont fait des *Docteurs en pharmacie*, témoin :

La Russe Madame BEGONSKA, qui a fait ses études à Zurich et passé ses examens devant l'Université de Kief,

etc.

Elles ont été jusqu'à faire des *Docteurs en droit*, témoin :

Madame KEMPIN-SPYRI, originaire de Zurich, la première femme qui se soit mise à exercer la profession d'avocat d'une manière effective. — Elle s'est faite très rapidement une clientèle dans sa ville natale.

Mademoiselle Jeanne Chauvin, licenciée ès-lettres (philosophie), lauréate de la Faculté de droit de Paris, reçue docteur le 6 juillet 1892, qui a soutenu une thèse sur : « *Les professions accessibles aux femmes et l'évolution historique de la position économique de la femme dans la société* », et a été nommée — en décembre 1892 — Conférencière de Droit usuel dans les lycées de jeunes filles de Paris,

la belge Mademoiselle Marie Popelin,

la roumaine Mademoiselle Sarmisa Bilcesco, qui a passé en 1889 son examen du doctorat devant la Faculté de Paris avec beaucoup de succès, et exerce la profession d'*Avocat*,

etc., etc.

En Amérique il y a un très grand nombre

de femmes *avocats* qui pratiquent, parmi lesquelles on distingue Mesdames :

ALMEDA HITCHOCK,

BELLA-HOCKWOOD,

HÉLÈNE A. MARTIN,

etc.

Il y en a actuellement *cent cinquante-
huit* aux seuls Etats-Unis! — Elles sont
inscrites au barreau de vingt-trois États,
non compris le district de Colombie, qui
en a onze pour lui seul. Sur ces 158 femmes, il y en a douze qui ont obtenu leur
inscription au barreau de la *Cour Suprême*
des États-Unis.

Le Congrès Fédéral de ces mêmes États
a voté la loi du 15 février 1879 déclarant
que : « Toute femme qui aura plaidé à la

barre de la plus haute cour d'un État, d'un territoire ou du district de Colombie pendant l'espace de trois ans et qui aura mérité l'estime de la cour par sa capacité et par son caractère, pourra être admise à pratiquer devant la *Cour Suprême des États-Unis*. »

En dehors de l'Union Américaine, Miss ALMEDA HITCHOCK, élève de l'Université de Michigan, exerce la profession d'avocat à Hilo (royaume d'Hawaï).

De même, Mesdemoiselles LÉODICE LEBRUN et MATHILDE THRUP sont avocats à Santiago du Chili.

Il y a également des femmes *notaires* (on en compte quatre à New-York).

— Les femmes occupent aussi en Amérique la majorité des places de l'enseignement et des administrations publiques. —

Nous devons même au sexe faible des *mathématiciennes* telles que :

NICARÈTE,

La grecque HYPATIE, fille du mathématicien Théon (née vers l'an 370 de l'ère chrétienne), qui surpassa de beaucoup son père en enseignant, à Alexandrie, l'algèbre et la géomérie. — Parmi ses élèves, il y en avait qui venaient des contrées les plus éloignées.

Les historiens nous apprennent que cette femme extraordinaire a écrit deux ouvrages de mathématiques proprement dites : 1° un commentaire du Traité des coniques d'Appolonius, et 2° un autre commentaire du Traité des coniques de Diophante,

Madame la marquise GABRIELLE-ÉMILIE DU CHASTELET (née en 1706 à Paris, morte

en 1749) auteur d'un livre ayant pour titre :
« *Institutions de physique* », d'un ouvrage
intitulé « *Analyse de la philosophie de
Leibnitz* » (1740), et d'une *Traduction des
principes de Newton* ». — Cette dernière
œuvre lui valut l'éloge de Voltaire. Ampère
également déclara un jour que Madame
du Chastelet était un génie en géométrie,

L'Écossaise MARY SOMMERVILLE, qui
appliqua les théories de la *Mécanique
céleste*, de Laplace, et composa elle-même
un livre sur le *Mécanisme céleste*, traité
devenu classique et qui, aujourd'hui encore, fait partie des ouvrages dont l'étude
est imposée aux élèves de la célèbre université de Cambridge,

Madame SOPHIE GERMAIN (née à Paris en
1776, morte également à Paris le 27 juin
1831 — 13, rue de Savoie), qui conçut un

goût très vif pour les mathématiques en
lisant l'histoire d'Archimède dans le bel
ouvrage de Montucla, se livra à l'étude
avec passion et suivit le cours de Lagrange
qu'elle étonnait par ses progrès; elle fut
couronnée en 1815 par l'Institut pour un
*Mémoire sur les vibrations des lames élas-
tiques,* question mise au concours depuis
1811. — A ce premier travail (publié en 1820)
elle ajouta dans la suite : *Mémoire sur
l'emploi de l'équation dans la théorie des
surfaces élastiques (1824), Mémoires sur la
nature et l'étendue de la question des surfaces
élastiques* (in-4°, *1826), Considérations sur
l'état des sciences et des lettres aux différentes
époques de leur culture* (in-8°, *1833* — cette
dernière œuvre fut imprimée un an et demi
après la mort de l'auteur). Madame Sophie
Germain fut l'un des créateurs de la physique mathématique. Ce fut elle qui, la

première, nous donna les plus sérieuses
théories sur l'élasticité des corps,

La Suédoise Madame Sophie Kowalska
(née en 1850 à Stockholm, morte en 1891),
devenue, dans cette ville, professeur de
mathématiques supérieures, qui a remporté récemment le grand prix de notre
Académie des Sciences avec un mémoire
sur la rotation des corps, mémoire digne
des plus grands géomètres, — Son nom
peut figurer à côté de ceux d'Euler et de
Laplace dans l'histoire des découvertes
relatives aux théories du mouvement d'un
corps solide autour d'un point fixe.

L'Américaine Mademoiselle Dorothée
Klumpke, originaire de San Francisco,
qui a brillamment obtenu à la Faculté des
sciences de Paris (le 14 décembre 1893) le
grade de docteur ès-sciences mathéma-

tiques, grade qui n'avait jamais été conféré à une femme! — La thèse qu'elle sou-
tint devant le jury (qui était composé de
Messieurs Darboux, Audoyer et Tisserand,
directeur de l'Observatoire de Paris), avait
pour sujet : « *Contribution a l'étude des
anneaux de Saturne* ». Cette doctoresse a
été reçue avec la note: « exceptionnelle-
ment remarquable!!! »

etc., etc.

Les femmes *ont, de plus, abordé la philosophie,* témoin :

L'Athénienne Léontium qui naquit vers
l'an 320 avant Jésus-Christ et qui tint école
de philosophie après la mort d'Épicure;
elle écrivit un traité de philosophie pour
réfuter l'un des derniers disciples d'Aris-
tote : Théophraste, traité à propos duquel

Cicéron a dit en parlant de l'auteur : « Son style est ingénieux et plein d'atticisme... »

Asclépigénie, fille de Plutarque, qui dirigea avec son père l'école philosophique d'Athènes, vers l'an 108 de l'ère chrétienne,

La Grecque Hypatie, que je viens déjà de citer parmi les mathématiciennes, et qui enseigna également (à Alexandrie) la philosophie proprement dite. — Sa doctrine avait pour base fondamentale la philosophie de Platon et l'éclectisme,

La Russe Madame Litwinow, de Toula, qui obtint, au printemps de l'année 1878, à la Faculté de Philosophie de Berne, le diplôme du doctorat à l'unanimité avec la note la plus élevée,

La Suédoise Mademoiselle Ellen Friess, docteur en philosophie,

La Belge Mademoiselle MARGUERITE COM-
BERT, qui a passé, le 8 octobre 1892, son
examen de docteur en philosophie et lettres
à l'Université de Bruxelles et a été pro-
clamée docteur « avec la plus grande dis-
tinction »; c'est la première fois que ce
grade est conféré en Belgique à une jeune
fille,

La Danoise Mademoiselle ANNA HUDE, la
première femme reçue docteur en philosophie dans son pays. — (Elle a obtenu ce
grade le 12 mai 1893 à Copenhague),

etc., etc.

Elles ont *étudié la géologie,* témoin :

Mademoiselle MARIE J. MERGLER, qui a
été nommée, le 4 mai 1893, professeur de

géologie à l'École des Hautes Etudes de Chicago,

etc., etc.

Elles ont même *abordé la chimie,* témoin :

Mademoiselle S. JETEPKO, jeune russe, qui a brillamment subi, le 14 août 1893, l'examen de docteur ès sciences chimiques devant la Faculté des Sciences de Bruxelles. — En conférant à cette jeune étudiante le diplôme de docteur, le président de la Faculté lui a présenté les félicitations du jury tout entier pour la remarquable façon dont elle a répondu aux questions qui lui ont été posées. Elle a fait une étude particulière de la chimie analytique.

Enfin, elles ont *abordé jusqu'à l'astronomie,* témoin :

La Grecque HYPATHIE que mon devoir
de chroniqueur me force à citer ici pour la
troisième fois. On doit, en effet, à cette
admirable femme qui se fit remarquer
dans la science des mathématiques de
même que dans celle de la philosophie,
un *canon astronomique,* c'est-à-dire un
ensemble de tables des mouvements des
astres. Ce fut une martyre de la science;
elle fut prise pour une magicienne et
accusée par le peuple d'Alexandrie d'empêcher, par ses maléfices, la réconciliation
des deux chefs de la ville qui étaient en
hostilité depuis longtemps. Un jour de
mars de l'an 415 de l'ère chrétienne, la
populace s'empara de sa personne, lui
arracha ses vêtements, puis l'assomma à
coups de pierres et poussa même la féro-
cité jusqu'à trainer dans les rues d'Alexandrie ses membres encore tout pantelants

et, comme si ce n'était pas assez, elle les brûla ces lambeaux de membres!!!

L'Américaine Mademoiselle Dorothée Klumpke (de l'Observatoire de Paris), que je citais tout à l'heure parmi les mathématiciennes,

Miss A.-M. Clerke,

etc., etc.

Nous sommes loin de cette soi-disant infériorité morale que certains philosophes (comme Proudhon dont j'ai parlé au commencement de cette étude), jaloux sans doute des prérogatives exclusivement réservées à l'homme, se sont plu à reprocher au beau sexe en en faisant une sorte d' « impedimentum » pour pouvoir justifier la répugnance du sexe fort à partager sa puissance. Dans leur impatience à pro-

clamer cela, ils ont oublié les femmes
d'une intelligence supérieure, intelligence
que beaucoup d'hommes ne possèdent
pas ; ils ont perdu de vue Jeanne-d'Arc,
Madame de Sévigné, Madame de Staël,
George Sand, auxquelles certes beaucoup
voudraient ressembler !

L'anatomie prétend que le cerveau de la
femme est d'un tiers plus petit que le nôtre,
celui de Madame de Staël pesait une livre
et trois onces de moins que le cerveau d'un
homme ordinaire : sa remarquable intelligence prouve surabondamment que, si
son cerveau a été trouvé trop étroit par la
science, ce qu'il contenait valait, à part
égale, beaucoup plus que ce que contient
un cerveau d'homme en général.

Le cerveau de Cuvier pesait 1861 gram-
mes et celui de Byron 1807 seulement. —

Cette différence et bien d'autres que je pourrais signaler, démontre que l'on ne doit pas faire dépendre du poids du cerveau les capacités intellectuelles.

Il faut bien se dire que si — ce que personne n'ignore — la femme est plus petite que l'homme, comparativement à sa taille et au poids de son corps, son cerveau est à proportion plus gros que le nôtre.

Oui! la compagne de l'homme doit être traitée par lui en égale, car elle l'est, ne fût-ce au moins que devant la mort! Il y est forcé surtout par le singulier mystère qui entoure notre naissance (pourquoi y a-t-il, en effet, des gens qui ont des enfants et d'autres qui n'en ont pas? étrange énigme! et dont nous ne pouvons arracher le secret à l'inexorable Nature!!!

En définitive, il me semble qu'il serait évidemment beaucoup plus moral de confier à des femmes le soin de guérir les femmes et de défendre leurs intérêts, de même que de leur laisser enseigner les jeunes filles dans les écoles supérieures, à la place des hommes.

III

« Aimer c'est toute la vie. »

Ceci posé, passant de l'examen du rôle de la femme dans la Société à celui qui lui échoit dans la famille (et je considère que toute sa vie est là, que c'est là principalement qu'elle excelle), je dirai que, surtout et avant tout, elle a été créée par Dieu pour nous donner du courage, pour nous remonter le moral aux mauvaises heures!

Être particulièrement frêle et délicat! n'est-elle pas une sensitive? et ne sait-elle pas foncièrement ce que c'est qu'une bonne parole, ce qu'elle peut faire de bien; cela ne coûte rien, et pourtant il faut croire que cela coûte tout de même puisqu'il y a des brutes qui n'ont jamais que l'imprécation sur les lèvres!

Oui! elle est faite pour aimer! Oui! elles ont été créées pour l'affection!

Filles, elles aiment leurs parents; — épouses, elles chérissent leurs maris; — mères, elles adorent leurs enfants!

Épouses, elles tiennent la plus grande place dans la vie de leurs maris, non pas seulement au point de vue matériel en lui-même (la main d'une femme, comme son absence, ne se remarquent-elles pas tout de suite dans un salon?), mais surtout au point de vue moral auquel seul je veux m'arrêter ici. Ne sont-elles pas nos com-

pagnes de chaque jour dévouées et éprou-
vées; eh! quoi de plus doux que l'union de
deux âmes, de n'avoir pas de secrets l'un
pour l'autre? Oh! oui, la Providence les a
bien armées pour nous donner du courage
quand nous sommes désolés; elles les a
douées d'une délicatesse de cœur que
seules elles possèdent, dont seules elles
ont le secret, que seules elles savent
employer!

Mères! elles idolâtrent leurs chers enfants! affection la plus pure, la plus vraie,
la plus durable de toutes celles de ce
monde, qui naît au berceau et qui survit
au-delà de la tombe!

Mères!!! en ce mot-là est toute leur
mission sur cette terre, et non pas pure-
ment en tant que reproduction de l'espèce
humaine, en tant que le côté matériel de

13

la chose, mais avant tout aussi au point
de vue moral.

En l'écrivant, ce doux nom de mère, mes
yeux se remplissent de larmes, mon cœur
bat plus fort dans ma poitrine, ma main
tremble, je ne puis continuer..... car je
songe à celle que j'ai eu l'immense
malheur, hélas! de perdre à tout jamais
un an après ma naissance!!!

Si je m'abandonne à ce douloureux
souvenir, c'est que c'est épouvantable de
ne plus avoir de mère, c'est pour vous
supplier, enfants! de bien aimer les vôtres;
oh! vos mères surtout, aimez-les bien,
vous ne les aimerez jamais assez!

Non! l'on ne saura jamais ce qu'il y a
au fond d'un cœur de mère!!!

Combien de tendresses, combien de
caresses ne prodiguent-elles pas à ces
charmants petits êtres qui leur coûtent

tant de peines, tant de souffrances, qui leur arrachent tant de cris de douleur lorsqu'elles les mettent au monde????? Par quel étrange mystère, plus ils les ont fait souffrir, plus les choyent-elles? De combien de sollicitudes n'entourent-elles pas leurs premiers pas dans l'existence?

Quoi de plus ravissant qu'une mère tenant un bébé dans ses bras, le couvrant de ses caresses?

Combien de trésors d'amour n'épuisent-elles pas pour eux, pour les faire entrer dans la vie — où tout le monde n'a malheureusement, pas sa place — en leur évitant le plus possible les difficultés, en écartant les ronces du chemin quand bien même elles laisseraient après les épines quelques gouttes de leur sang pour empêcher qu'ils ne souffrent comme elles ont souffert elles-mêmes!!!!!

Près du berceau de leurs enfants, les couvant des yeux, elles épient leurs moindres mouvements, s'absorbent dans leur contemplation! — Quelle joie pour elles quand elles surprennent leurs premiers sourires, lorsqu'ils commencent à bégayer le mot « maman ». Comme elles sont heureuses et fières lorsqu'après avoir dirigé et soutenu leurs premiers pas, elles les voient enfin marcher seuls ; comme elles rayonnent, comme elles sentent leur cœur déborder quand ils les enlacent de leurs petits bras!

Mais aussi, lorsqu'ils sont malades, quelles souffrances, quels tourments n'endurent-elles pas? Ne sont-elles pas admirables de dévouement? De quels soins ne les entourent-elles pas? Il n'est plus pour elles ni trève ni repos, leur

existence se trouve tout entière concentrée
sur eux.

Ah! que ne soupirent-elles pas quand,
après de longues veilles, de mortelles nuits
d'angoisses, elles les voient enfin revenir
à la santé? Que leur importe la vie! Elles
peuvent mourir maintenant, ils sont
sauvés!!!!! Toutes ces douloureuses
épreuves n'ont fait que revivifier, qu'aug-
menter encore l'amour pourtant déjà si
intense qu'elles éprouvent pour eux;
n'est-ce pas comme si elles leur avaient
deux fois donné la vie!

N'est-ce pas grâce à la mère que le cœur
s'ouvre, que l'âme se forme? N'est-ce pas
elle qui suggère à l'enfant les généreuses
pensées, qui lui inspire les sentiments
élevés. C'est de cette éducation première
que dépendent souvent nos destinées.

Oh! comme ils sont heureux ceux qui

ont leur mère à cette époque de la vie; et comme elle m'a manqué la mienne!!!

L'amour maternel (je ne m'occupe pas, bien entendu, des marâtres ni des misérables qui — par un sentiment contre nature — tuent leurs enfants), est la plus belle chose qui soit au monde!

Ne voyant que lui, je ne veux même pas penser aux criminelles que les hommes acquittent vraiment parfois avec une trop grande insouciance; il n'y a rien qui puisse justifier l'assassinat et surtout celui-là qui est d'autant plus lâche que les pauvres petits bébés sont sans défense. La lionne se fait tuer pour défendre ses petits, et ces horribles mégères qui ne sont même pas dignes du nom de femme, qui n'ont plus rien d'humain, égorgent les leurs!!!

Oui, mères! Voilà en un mot le rôle des femmes ici-bas, le voilà tout entier.

— Ici j'ouvre une parenthèse pour adres-
ser un reproche aux vieilles filles (dont le
nombre augmente malheureusement de
jour en jour), qui ne veulent pas admettre
ou comprendre que le vrai but de la vie
est le mariage, combien il est doux de se
consacrer à un être chéri, d'avoir des enfants! et qui n'ont pas voulu connaitre les
joies de la famille !

Quoi de plus triste, en effet, que la vie
des vieilles filles !

Comme a dit Balzac : « En restant fille,
une créature du sexe féminin n'est plus
qu'un non sens ; égoïste et froide elle fait
horreur........ Il arrive pour les filles, un
âge où le monde les condamne sur le
dédain dont elles sont victimes. Laides, la
bonté de leur caractère devait racheter les
imperfections de la nature ; jolies, leur
malheur a dû être fondé sur des causes

plus graves. On ne sait lesquelles, des unes et des autres, sont le plus dignes de rebut. Si leur célibat a été raisonné, s'il est un vœu d'indépendance, ni les hommes ni les mères ne leurs pardonnent d'avoir menti au dévouement de la femme en s'étant réfusées aux passions qui rendent leur sexe si touchant.......... La jalousie est un sentiment indélébile dans les cœurs féminins; les vieilles filles sont donc jalouses à vide et ne connaissent que les malheurs de la seule passion que les hommes pardonnent parce qu'elle les flatte.......... Elles ne pardonnent pas au monde leur position fausse, parce qu'elles ne se la pardonnent pas à elles-mêmes. Or, il est impossible à une personne perpétuellement en guerre avec elle-même ou en contradiction avec la vie de laisser les

autres en paix et de ne pas envier leur
bonheur »,

Jeunes filles! ne suivez pas ce funeste
exemple!

On ne parle en ce moment que de
dépopulation! — Ce n'est pas étonnant que
la France se dépeuple : si les filles étaient
plus courageuses, elles se marieraient plus
qu'elles ne le font, et les naissances au lieu
d'aller en diminuant augmenteraient.

Voilà ce que j'ai trouvé à dire dans mon
cœur sur le rôle de la femme en ce monde!

Voilà jeunes filles, quelle sera votre
mission demain!

Lectrices, m'approuvez-vous?

Si ces lignes vous ont — comme je le

souhaite — doucement émues, vous le
devez à une blonde et charmante enfant
de huit ans, ma chère petite Eugénie, qui
me regarde avec ses grands yeux clairs et
qui me les a inspirées?

Le sujet m'a tenté.

Je demande que l'on veuille bien me
pardonner les imperfections de cette étude,
je l'ai écrite sans prétentions et au courant
de la plume.

Je ne voudrais pas que ma chère
compagne qui va rentrer tout à l'heure —
venant de remplir un pieux devoir — sache
que je l'ai faite, car elle m'en voudrait
d'avoir parlé de notre intérieur où je
l'attends impatiemment pour pouvoir

l'embrasser et lui dire : « Courage pour l'avenir ! »

Je garde ces pensées pour les montrer (si Dieu me le permet) dans quelques années à ma fillette, et j'espère que, lorsqu'elle les aura lues, elle comprendra ce que doit être une femme!!!

Puissé-je avoir pu, chères lectrices, faire couler de vos yeux de douces larmes, étreindre vos cœurs sous une douce émotion!

C'est mon vœu le plus cher; laissez-moi espérer que j'y ai réussi!!!

TABLE DES MATIÈRES

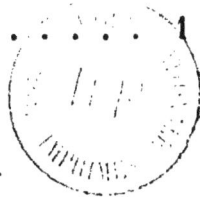

Imprimerie R. Andrieu

8, Rue du Maure, 8

PARIS